AF756284

دکنی ادب کی تاریخ

(تحقیق)

محی الدین قادری زور

Deccani Adab ki Taareekh

by: Mohiuddin Qadri Zore
Edition: November '2025
Publisher :
Taemeer Publications LLC (Michigan, USA / Hyderabad, India)

ISBN 978-93-6908-140-0

کتاب	:	**دکنی ادب کی تاریخ** (تحقیق)
مصنف	:	**محی الدین قادری زور**
صنف	:	تحقیق
ناشر	:	تعمیر پبلی کیشنز (حیدرآباد، انڈیا)
سالِ اشاعت	:	۲۰۲۵ء
صفحات	:	۱۶۸
سرورق ڈیزائن	:	تعمیر ویب ڈیزائن

دکنی ادب کی تاریخ

۱۳۱۵ تا ۱۷۵۰ء

دکنی ادب

کی

تاریخ

یعنے

اردو زبان کے قدیم مرکزوں گلبرگہ، بیدر، بیجاپور، گولکنڈہ، حیدرآباد اور اورنگ آباد کے شاعروں اور ادیبوں کی اردو خدمات کی تفصیلی تاریخ

(۱۳۵۰ء تا ۱۷۵۰ء)

مرتبہ

ڈاکٹر محی الدین قادری زور

پروفیسر اردو جامعہ عثمانیہ، پرنسپل گورنمنٹ چادر گھاٹ کالج
معتمد اعزازی ادارۂ ادبیات اردو، حیدرآباد دکن

مقدمہ

قدیم دکنی ادب کی تاریخ میں روز بروز اضافہ ہوتا جارہا ہے اب سے تیس سال قبل جب میں نے ۱۹۲۸ء میں "اردو شہ پارے" کے نام سے ایک کتاب مرتب کی تھی نہ دکنی ادب کا چرچا تھا اور نہ عام اردو دانوں کو معلوم تھا کہ اردو زبان میں تین چار سو سال قبل اتنی اعلیٰ درجہ کی نظم ونثر لکھی گئی ہوگی۔ "اردو شہ پارے" نے اردو زبان کی ادبی تاریخ کو طوالت بخشنے اور اردو کی قدامت اور بزرگی قائم کرنے میں بڑا حصہ لیا تھا۔ مگر اپنے موضوع پر ابتدائی کوشش ہونے کی بنا پر اس میں بعض خامیاں بھی تھیں۔ بعض شاعروں کے حالات میں قطعیت نہ تھی اور بعض بیانات ظن اور قیاس پر مبنی تھے۔

تیس سال کے اس طویل عرصہ میں متعدد ادیبوں اور محققوں نے اس طرف توجہ کی اور دکنی ادب کے گوناگوں گوشوں کو اجاگر کیا اور کئی نئے شاعر اور ادیب روشناس کیے گئے۔ معلومات میں اضافہ کا یہ سلسلہ اب بھی جاری ہے اور جاری رہے گا اس لئے کہ ایک تو اب اہل علم اس کی اہمیت سے واقف ہوگئے ہیں اور دوسرے یہ کہ ۱۹۴۸ء میں دکن کی چھ سو سالہ سیاسی یک جہتی کا شیرازہ بکھر جانے کے باعث اس علاقہ کی مختلف قدیم آبادیوں کے گھریلو کتب خانوں کی کتابیں باہر آرہی ہیں اور ان لوگوں کی دسترس تک پہنچ رہی ہیں جو ان کو پڑھنے اور سمجھنے کی صلاحیت رکھتے ہیں پہلے ناواقف لوگ ان کو اپنا خاندانی ورثہ اور متبرک ذخیرہ

سمجھ کر سینہ سے لگائے ہوئے تھے اور اب واقف کار لوگ ان کی ادبی اہمیت اور تاریخی قدر و قیمت کے باعث ان کو آنکھوں سے لگا رہے ہیں۔

اس طرح اردو ادب کی تاریخ میں نت نئے ناموں اور چھوٹی بڑی کتابوں کا اضافہ ہوتا جارہا ہے اور کون جانتا ہے کہ یہ سلسلہ کب ختم ہوگا۔ یہی وجہ ہے کہ میں اپنی اس چھوٹی سی کتاب کو دکنی ادب کی تاریخ پر حرف آخر نہیں سمجھتا۔ مگر اتنا ضرور کہوں گا کہ اس کے ذریعہ سے اس خطۂ ملک کی علمی و ادبی تحریکوں اور کاوشوں کو عام اردو دانوں میں متعارف کرانے کی کوشش کی گئی ہے۔ یہ کتاب محققوں کے لئے نہیں بلکہ طلباء اور عوام کے لئے ہے اور اگر اس کو ایک اچھی کتاب کی شکل و صورت میں پیش کیا گیا تو یقین ہے کہ مفید و مقبول ثابت ہوگی اور دکن کے قدیم خدمتگذاران اردو کے کاموں اور ناموں کے سمجھنے اور سمجھانے میں حسب ضرورت مدد دے گی۔

حیدرآباد

۲۵ ڈسمبر ۱۹۵۸ء

سید محی الدین قادری زور

عہدِ بہمنی

۱۳۵۰ تا ۱۵۲۵ء

دکن کے تمدن کی تعمیر میں جتنا بہمنیوں کا حصّہ ہے کسی اور سلسلۂ سلاطین کا نہیں ہے۔ انھوں نے جب اس ملک میں اپنی سلطنت قایم کی تو یہاں کے مختلف علاقوں میں مختلف راجاؤں کی حکومتیں تھیں۔ انھوں نے اپنی حکمت عملی سے مہاراشٹر۔ کرناٹک اور تلنگانہ تینوں لسانی علاقوں کو ایک ہی سیاست اور حکومت کے تحت متحد کیا۔ ان میں سے ہر ایک علاقہ میں کئی حکومتیں قایم تھیں جو ہمیشہ آپس میں ایک دوسرے سے برسرِ پیکار رہتی تھیں۔ سنہ ۱۳۵۰ء کے بعد سے یہ علاقے بہمنی سلطنت میں شامل ہوکر امن و امان کے گہوارے بن گئے۔ اور چونکہ مختلف زبانوں اور مذہبوں کی رعایا کو بہمنیوں نے یکجا کیا تھا اس لئے انھوں نے کوشش کی

کہ یہ رنگا رنگی ختم ہو اور ایک طرح کا بین قومی اتحاد اور رواداری پیدا ہو۔ واقعہ یہ ہے کہ دکن میں جو بین قومی اتحاد اور باہمی رواداری ایک طویل زمانہ کی فتنہ سامانیوں اور انقلاب کے باوجود ابتک نمایاں ہے وہ بہمنی حکمت عملی ہی سے پیدا ہوا تھا۔ اس خاندان نے سنہ ۱۳۴۷ء سے سنہ ۱۵۲۵ء تک اس ملک کی تہذیب و معاشرت اور ادب و سیاست کی رہنمائی کی اور اپنے بعد ایسی مستقل یادگاریں چھوڑ گیا جو اس کے نام اور کام کو یاد دلاتی رہیں گی۔

ان یادگاروں میں سب سے اہم اردو زبان اور ادب ہے جو انہی کی سرپرستی میں پورے دکن میں یعنے بحیرہ عرب سے لیکر بحیرہ بنگال تک رائج ہو گیا اور اس وسیع ملک میں جگہ جگہ اس کے مرکز قایم ہو گئے جن میں گلبرگہ۔ بیدر۔ قندھار۔ گوگی۔ احمدنگر۔ بیجاپور۔ گولکنڈہ۔ کرنول۔ کڑپہ۔ دیلور۔ مدراس۔ بودھن۔ اورنگ آباد وغیرہ تاریخ ادب اردو میں اب تک یاد کئے جاتے ہیں۔

بہمنیوں کی ادب پروری کی طویل داستانیں ہیں جنکی ایک معمولی مثال وہ مشہور واقعہ ہے جو اکثر تاریخوں میں

۲- کُل شے محیط ہے اسے کون پچھانے
جو کوئی عاشق اس ہوکے اسے جیو میں جانے
اسے دیکھت گُم رہے جیسے ہیں دیوانے

۳- خواجہ نصیرالدین جنے سائیاں ہو پناپانے
جیو کا گھونگھٹ کھول کر پیا مکھ آپ دکھانے
راکھے سید محمد حسینی ہو سنگھ کیانہ جائے

خواجہ بندہ نواز کی نثر کے اس نمونہ سے قدیم ترین اردو نثر کا اندازہ ہو سکے گا۔

"انسان کے بوجنے کوں پانچ تن۔ ہر ایک تن کوں پانچ دروازے ہیں ہور پانچ دربان ہیں۔ پہلا تن واجب الوجود۔ مقام اس کا شیطان نفس اس کا اماّرہ۔ یعنے واجب کی انک سوں غیر نہ دیکھنا سو حرص کے کان سوں غیر نہ سننا سو۔ حسد نک سوں بدبوی نہ لینا سو۔ کینہ کی شہوت کوں غیر جاگہ نہ خرچنا سو۔ پیر طبیب کامل ہونا۔ نبض پچھان کر دوا دینا"

۴- عبداللہ حسینی نبیرے تھے خواجہ بندہ نواز کے۔ اور دادا کی طرح صوفی اور مصنف بھی تھے۔ انھوں نے محبوب

سبحانی عبدالقادر جیلانی کے رسالۂ نشاط العشق کا اردو میں ترجمہ کیا تھا۔ اور اس کی ایک شرح بھی لکھی تھی۔

۴۔ سلطان احمد شاہ ثالث المعروف بہ نظام شاہ بہمنی کے عہد میں ایک اردو شاعر نظامی بیدری گزرا ہے جو موجودہ معلومات کے لحاظ سے اُردو کا وہ شاعر ہے جس نے عشق عاشقی کے موضوع پر ایک طویل مثنوی پدم راؤ لکھی۔ ورنہ اس سے قبل کی جو اردو نظم و نثر ملتی ہے وہ بالعموم مذہبی اور صوفیانہ موضوعوں سے متعلق ہے۔ نظام شاہ بہمنی ۱۴۶۰ء میں تخت نشین ہوا اور صرف دو سال حکومت کر کے سنہ ۱۴۶۲ء میں انتقال کیا۔ اس سے ظاہر ہے کہ نظامی نے یہ مثنوی انہی دو سالوں کے درمیان لکھی۔ اس وقت تک بیدر اردو کا مرکز بن چکا تھا۔ کیونکہ فیروز شاہ کے بعد جب اس کا بھتیجا سلطان احمد شاہ ولی البہمنی تخت نشین ہوا تھا تو اس نے گلبرگہ کی جگہ بیدر کو اپنا پایۂ تخت قرار دیا۔ اور اس کے جانشین اسی شہر میں آخر تک حکمراں رہے۔

نظامی کی اس مثنوی کا جو نسخہ دستیاب ہوا ہے وہ ناقص ہے۔ لیکن بحالت موجودہ بھی اس میں ۸۶۵ شعر موجود ہیں۔ اس میں ابتدا میں حمد و نعت و منقبت صحابہ ہے اور اسکے

بعد سلطان علاء الدین ہمایوں شاہ بہمنی کی تعریف کی گئی ہے جس کے فرزند سلطان احمد شاہ کے دور میں یہ مثنوی لکھی گئی اور جس کے لقب کی رعایت سے خود شاعر نے اپنا تخلص نظامی رکھا تھا۔ نظام شاہ کا اصل نام احمد خاں تھا اور اس کو مورخین احمد شاہ ثالث کے نام سے بھی یاد کرتے ہیں۔ اس کی تعریف میں نظامی لکھتا ہے۔

شہنشہ بڑا شاہ احمد کنوار　　پرتپال سنسار کرتار ادھار
دھنی تاج کا کون راجہ ابھنگ　　کنور شاہ کا شاہ احمد کنجنگ
لقب شہ علی آل احمد ولی　　دلی تے بہت بدہ تد آگہی

اس مثنوی میں کدم راو اور پدم راو کا قصہ منظوم کیا گیا ہے۔ اور جگہ جگہ شاعر نے اپنا تخلص استعمال کیا ہے مثلاً

نظامی کہنہار جس یار ہوے　　سننہار سن نغز گفتار ہوے
کہوں سد ساجے نظامی دھرم　　پدم سب سنے بات بانچے کدم

مدح سلطان علاء الدین بہمنی کے عنوان سے جو اشعار لکھے ہیں ان میں سے چند بطور نمونہ پیش کئے جاتے ہیں کیونکہ یہ اردو میں کسی بادشاہ کی پہلی مدح سمجھی جاتی ہے۔

بڑا شاہ وہ شاہ جس شاہ جگ　　دہیں سیو تے جرم تس پائے لگ

انھیں شہ کیا شاد دکھن دھرن		گگن دل دھرت دل مسخر کرن
عطارد مسخر ہوا لے قلم		مسخر کیا سور دے بہت علم
علم کا زُکھن سوُ چلی سو اُجاد		طبل ڈھول برغوں بدل توس بجاد
چمکنے لگے جب کنک بہت تبر		چڑھا وا کیا دھرت آکاس پر

مشتاق۔ سلطان محمد شاہ لشکری بہمنی (متوفی ۱۴۸۲ء) کے آخری زمانہ کا ایک شاعر تھا جس نے غالباً سلطان محمود شاہ بہمنی (متوفی سنہ ۱۵۱۸ء) کے دَور میں شہرت حاصل کی اِس نے سید برہان الدین شاہ خلیل اللہ کی مدح میں جو اردو قصیدہ لکھا تھا وہ اب تک محفوظ ہے۔ یہ شاہ خلیل اللہ شاہ حبیبُ اللہ کے خلیفہ اور بیدر کے مشہور بزرگ خلیل اللہ بت شکن کی اولاد میں تھے۔ مشتاق نے غزلیں بھی لکھیں اور قصیدے بھی جن کے عمدہ نمونے موجود ہیں اور اس لحاظ سے وہ اردو کا ایک قدیم ترین اُستاد سخن سمجھا جاسکتا ہے۔ اس کی غزلوں کے اس نمونے سے اردو کی قدیم ترین غزل گوئی کا اندازہ ہوگا۔

تجھ دیکھتے دل تو گیا ہور ہیو اُپر بے کل گھڑی
دیکھے تو ہے جیو کے اوپر میں دیکھے تونیں کل گھڑی

۱۷

سورج کے گل میں چاند جیوں یوں تجھ گلے ہیکل دسے
قربان اس کے ہات پر جن لے تری ہیکل گھڑی
آبِ حیات او لب ترے جاں بخش و جاں پرور اہے
مشتاق بوسے سوں پیا امرت بھری او کل گھڑی

او کسوت کیسری کرتن چمن میلانے چلی ہے آ
رہے کھلنے کول تیوں دستی او چنپے کی کلی ہے آ
سورج مرجاں میں جیوں دستا نظر وں کا نپتی تھرتھر
جو لٹ پیچاں بھری سر تھے او رُخ اوپر ڈھلی ہے آ
سورج کی تاب سیتے جوں پگلتا برف آپس میں
او رُخ دیکھت نظر انکھیاں کے انکھیاں میں گلی ہے آ

لطفی بھی اس دور کا ایک شاعر تھا اور مشتاق کا ہم عصر۔ اس نے بھی مشتاق کی طرح شاہ محمد کی مدح کی ہے جو خلیل اللہ بت شکن کی اولاد میں تھے۔ اس کی غزلیں اور قصیدے بھی محفوظ ہیں۔ اس نے خواجوئے کرمانی کے اس مشہور قصیدے کی زمین میں بھی ایک قصیدہ لکھا تھا جس کا مطلع ہے۔

قرطۂ زر چاک زد لعبت سیمیں بدن
رشک ملمع نشاند شمع مرصع لگن

معلوم ہوتا ہے کہ شیخ نور سمنانی کے اثر سے جو اس عہد میں بہمنی دربار میں موجود تھے خواجوئے کرمانی کا کلام بعد میں بہت مقبول اور مستند سمجھا جاتا تھا۔ کیونکہ خواجوئے کرمانی حضرت رکن سمنانی کا مُرید خاص تھا۔

لطفی کی غزل اور قصیدے کے چند شعر یہ ہیں۔

خلوت میں سجن کے میں موم کی بتی ہوں
یک پاؤں پر کھڑی ہوں جلنے پرت پتی ہوں

سب نس گھڑی جلونگی جاگہ سوں نا ہلونگی
ناجل کو کیا کرونگی اول سوں مدمتی ہوں

رسیا چتور رسیلے بھوگی سو شہ محمدؐ
مندر منے سجن کے نس جاگتی رہتی ہوں

لطفی ترے چنن کی پاکی کہاں ہے اس میں
جیوں پانچ پانڈواں کے کہنے مو دھرتی ہوں

چار پہر برقرار یو نچ رہیا تھا سنجبار
غب کے کورے منے ڈول ڈبایا رسن

۱۹

نین سورج جھال تھے لعل ہوے سرگ کے
رین کا کاجل منگا نین میں کھینچیا انجن
سرگ تھے نکلیا چندر لعل لہو کے بھتر
سور چھپیا یا خنجر چندر دکھ یا مکھن
چندر کا بالا بچہ رین کی دائی اچا
مشک و عنبر میں چھپیا بھانگ کے راکھے ختن
سرگ کا طوطی ھریا مشک خطائی چڑیا
رات کا عنبر سریا صبح کی پھوٹی کرن

۷۔ فیروز بھی مشتاق اور لطفی کی طرح بیدر کا شاعر تھا اور وہیں کے ایک مشہور صوفی اور صاحبِ تصانیف عالم مخدوم جی شیخ محمد ابراہیم (متوفی سنہ ۹۶۴ء) کا معتقد اور مرید تھا۔ مخدوم جی اپنے والد حضرت شیخ محمد ملتانی کے خلیفہ اور جانشین تھے۔ مخدوم جی اپنے عہد کے بڑے مقبول اور مشہور بزرگ تھے ان کی شہرت گولکنڈہ میں بھی پہنچ گئی تھی اور ابراہیم قطب شاہ نے ان سے ملاقات کی درخواست کی جس پر انھوں نے انکار کر دیا۔ ابراہیم نے کہلا بھیجا کہ مخدوم جی تشریف نہ لانے ہوں

تو نعلین ہی بھیج دیں۔ معلوم ہوتا ہے کہ مخدوم جی نے نعلین کی جگہ اپنے مرید شاعر فیروز کو گولکنڈہ بھیجدیا اور چونکہ وہ بیدر کی فضائے شعر و سخن میں رنگا ہوا تھا اس لئے گولکنڈہ میں بھی بہت چمکا اور وہاں کے نوجوان شعرا نے اس سے بہت فیض حاصل کیا۔ چنانچہ وجہی اور ابن نشاطی نے اس کو اپنا استاد لکھا ہے۔ چنانچہ اس کی وفات کے بعد ابن نشاطی کہتا ہے ؎

نہیں وہ کیا کروں فیروز استاد　　　　جو دیتے شاعری کا کچھ مرے داد

فیروز کی ایک مثنوی "توصیف نامہ میران محی الدین" موجود ہے جس میں حضرت عبدالقادر جیلانی رح اور مخدوم جی شیخ محمد ابراہیم کے اوصاف بیان کئے ہیں۔ اس سے پتہ چلتا ہے کہ وہ اعلیٰ پایہ کا شاعر تھا۔ نمونہ کلام یہ ہے :-

ابراہیم مخدوم جی جیونا
مئے صرف وحدت صدا پیونا
میرا پیر مخدوم جی جگ منے
منگوں نعمتاں میں سدا اس کنے
کریں منجھ اپر پیار اے پیر جگ
کہ تجھ پیار تھے ہوئے مندھیر جگ

پیا جیو تجھے تو ہمن س تن ہے
تو ہم جیو کے پھول کا باس ہے
وہی پھول جس پھول کی باس تُس
وہی جیو جس جیو کی آس توں
سو توں روک ہے دین کا بار دا
جو تجھ چھپا نو تل جگ ہے پکڑیا قرار
اچھو منجھ اُپر چھپانو تیرا جرم
کہ ادھار میرا سو تیرا کرم
کریماں کی مجلس کرامت تجھے
امیناں کی صف میں امانت تجھے
سدا مست مدہوش دیدار کا
سچا توں طلب گار کرتار کا
محی الدّین مخدوم جی جاگنا
ہمیں جیو اس پیو سوں لاگنا

اشرف بھی اس دَور کا ایک شاعر تھا جس نے ۱۵۰۲ء
میں ایک طویل مثنوی نو سرہار لکھی۔ اشرف قندھار شریف

کے مشہور بزرگ سیّد علی سانگڑے سلطان مشکل آسان متوفی سنہ ۱۴۰۳ء کے بھانجے اور خلیفہ شاہ ضیاء الدین بیابانی کا جانشین تھا۔ نوسرہار میں اس نے امام حسین علیہ السلام کے مصائب نو ابواب اور کئی عنوانوں کے تحت بیان کئے ہیں اس موضوع پر یہ پہلی اردو کتاب ہے اور بہت ہی تفصیل اور ترتیب کے ساتھ منظوم کی گئی ہے۔ اشرف نے اپنی زبان کا نام جگہ جگہ ہندوی لکھا ہے دکنی نہیں۔ اس کی زبان اور طرز بیان کا اندازہ ان ابیات سے ہوگا :-

نامال کیتا بول سنوار
جانو موتیوں کے راہار

سونے کی جیوں کھونٹی گھڑ
مانک موتی ہیرے جڑ

ایک ایک بول یہ مانک مول
سیم ترازو سنیتیں تول

بند پروئے سونے تا
سچّیں ہوا نو سرہار

۹۔ بہمنی دور کے ایک بہت بڑے مصنف شاہ میراں جی شمس العشاق ہیں جو سنہ ۱۴۹۶ء میں پیدا ہوئے یہ اوائل عمر میں عربستان چلے گئے تھے اور اس وقت دکن واپس ہوئے جب بہمنیہ سلطنت کو زوال ہو رہا تھا اور اس کی جگہ دکن میں کئی نئی

سلطنتیں پیدا ہو رہی تھیں۔ شاہ میران جی حضرت خواجہ بندہ نواز ہی کے سلسلۂ صوفیا میں سے ہیں۔ انھوں نے اپنے بزرگوں کی طرح اردو ہی میں تعلیم و تلقین کے علاوہ تصنیف و تالیف کا بھی کام کیا۔ انھوں نے بیجاپور میں وفات پائی اور وہیں دفن ہیں۔ شاہ میران جی کی کئی نظمیں اور چھوٹے چھوٹے رسالے اس وقت تک دستیاب ہو چکے ہیں۔ معلوم ہوتا ہے کہ ان کا کلام بہت مقبول تھا اور دور دور تک اسکی نقلیں پہنچ گئی ہیں۔

شاہ میران جی کی اردو تصانیف میں حسب ذیل قابل ذکر ہیں:-

"خوش نامہ" اس نظم میں ایک نوجوان لڑکی خوش یا خوشنودی کا قصہ لکھا ہے جو شاہ پور میں صرف سترہ سال کی عمر میں انتقال کر گئی۔ وہ بھولی بھالی اور سب کی پیاری تھی۔ دوسری لڑکیوں کی طرح شوخ و شنگ نہ تھی۔ اور بناؤ سنگھار کی جگہ خدا کی لگن لگی ہوئی تھی۔ نمونہ یہ ہے:-

تول رحمان رحیما میرا مہر محبت بھریا

میں تو باندی برداتیری تیں مجھ ہاتھوں دھریا

نا میں کیتی بندگی تیری نا دھر کیتی یاد

دائم کیتی آگل تیرے سلکوں تھے فریاد

تیں ہی میرا لاڈ چلایا کبھوں نہ ہوا اداس
آپ سند لیا توڑ گسائیں تیری مجھ کوں آس

"خوش نغز" اس مثنوی میں بھی اسی دوشیزہ کا ذکر ہے۔ اس میں وہ شاہ صاحب سے مختلف عنوانوں مثلاً عرفان درد، عقل و عشق اور مراقبہ وغیرہ کے بارے میں سوالات کرتی ہے اور یہ ہر ایک کا جواب ایک نئے باب میں دیتے ہیں اِس طرح کل نو باب ہیں۔ نمونہ ؎

خوش پوچھے کی کہو میراں جی عالم اچھے کیتے
پیر کہیں سن جیتے تن اچھیں عالم تیتے
خوش کہی مجھ کہو میراں جی عشق بڑا یا بود
پیر کہیں میں آکھوں بیان دھرنا اس میں سود

"شہادت الحقیقت" میراں جی کی سب سے اہم اور طویل نظم ہے۔ اس میں تصوّف و معرفت کے مسائل درج ہیں۔ زبان سادہ اور سلیس ہے۔ نمونہ ؎

یہ سب عالم تیرا رزاق سبھوں کیرا
تجھ بن اور نہ کوے نا خالق دوجا ہوے
جے تیرا ہو کرم تو ٹوٹے سبھی بھرم

اس کارن تجھ کو دھاؤں　　　اور تیرا نام لیاؤں
ہے تیرا انت نہ پار　　　کس موکھوں کروں اچار

میراں جی نے نثر میں بھی بہت کچھ لکھا ہے " شرح مرغوب القلوب" ان کا لکھا ہوا ایک رسالہ نثر میں ہے جس میں دس باب میں ہر باب کسی آیت قرآنی یا حدیث سے شروع کرتے ہیں اور پھر اس کا ترجمہ اور مختصر شرح کرتے ہیں۔ اس کا نمونہ یہ ہے :-

"پیغمبر کہے خدا کی آشنائی جے کوئی بوجھتا ہے انو کیاں توں رکھ کر انو تھے بوج انو تھے توں سن ہور چپ نکواچہ۔ اس چار باتاں کا پند ہے۔ یوں شریعت میں پہلے پاوں رکھ کہ طریقت شریعت مینج ہے۔

پیغمبر کہے جو کچھ کام کرے گا کوئی خدا کا ناوں نا لیکر تو اد کام پائمال ہوگا۔ سرانا نوازنا خدا کوں بہت کہ او پالنہار ہے عالم کا۔"

۱۰۔ سید شہباز حسینی ۔ خواجہ سید محمد حسینی بندہ نواز کی اولاد میں سے تھے اور شاہ ہدایت اللہ حسینی کے خلیفہ تھے۔ انھوں نے اپنا نام ہی بطور تخلص استعمال کیا اور خواجہ محمد حسینی کے تخلص شہباز کے آگے حسینی لگا کر اپنے تخلص میں امتیاز قائم رکھا

ابراہیم عادل شاہ بیجاپور (۱۵۸۰ تا ۱۶۲۴ء) خواجہ بندہ نواز کی اولاد کا بہت معتقد تھا چنانچہ شہباز حسینی کی بھی بیجاپور میں خاطر داری کی اور وہ وہیں فوت ہوئے اور محلۂ شاہ پیٹھ میں دفن کیے گئے۔ ان کی بعض غزلیں بعد میں خواجہ بندہ نواز کی طرف منسوب کر دی گئیں۔ نمونہ کلام یہ ہے۔

توں تو صحی ہے لشکری کر نفس گھوڑا سار توں
ہوئے نرم نہ تجھ او چڑتے پس کھائے گا آزار توں

کھینچ گھوڑا کھوڑ ہے بدنیاں اُس کا ہو رہے
تن لوٹنے کا جوڑ ہے: چھوڑ اس بد ٹھار توں

جب قید گھوڑا آوے گا تجھ لامکاں لے جاویگا
توں عشق جھگڑا پاوے گا خوش مار لے تلوار توں

شہباز اپ خود کھوئے کر ہر دو جہاں دل دھوئے کر
اللہ کی جانب ہوئے کر تب پائیگا دیدار توں

سونے نہ دیوں خلق کوں شہباز نس دن روئے کر
سوتے سنے پر کوں مرے مت کوئی دیکھے سوئے کر

جس رات شہ سوں نا ملوں اس باج جیوں میں تلملوں
اپ آہ کی اگ میں جلوں آپس بو جاوں روے کر

شہباز دو جا نام نیئں جب جیو اپر لے آؤں میں
آرے لے سرتا پاؤں لگ آپس چراؤں دوے کر

یہ تو بہمنی دور کے اُن شعرا و مصنفین کا ذکر تھا جنھوں نے بہمنیوں سلطنت میں رہ کر علم و ادب کی خدمت کی۔ اور ان کی پیدا کی ہوئی علمی وادبی فضا سے متاثر ہوئے لیکن اس زمانہ میں اُردو کے اور بھی ایسے شاعر اور ادیب موجود تھے جنھوں نے بہمنی سلطنت کی پیدا کی ہوئی فضا سے فائدہ اٹھایا لیکن وہ بہمنی سلطنت میں قیام پذیر نہیں ہوئے اس لئے صحیح معنوں میں ان کا ادب بہمنی ادب نہیں کہلایا جا سکتا۔ اس لئے ان کا یہاں ذکر نہیں کیا گیا۔ ایسے شاعروں میں دو خاص کر ذکر کے قابل ہیں۔ ایک بہاء الدین باجن اور دوسرے شاہ علی جیو گام دھنی۔ ان دونوں نے بہمنی دور میں دکن کا سفر کیا اور یہاں کی فضا سے متاثر ہوئے لیکن یہ گجرات کے رہنے والے تھے۔ اور ان کے اُردو کارنامے گجرات کے ادیبوں اور شاعروں کے سلسلہ میں شامل ہوتے ہیں آخر میں اس امر کا اعتراف ضروری ہے کہ بہمنیوں نے دکن میں علم و فضل و شعر و سخن کی ایک ایسی اچھی فضا پیدا کر دی تھی جو ان کی سلطنت کے ساتھ ختم نہیں ہوئی بلکہ ان کی جانشین حکومتوں اور خاص کر بیجاپور اور گولکنڈہ میں ایسی نشو و نما پائی کہ دُنیائے اُردو اس پہ جتنا ناز کرے کم ہے

۲۸

عادل شاہی عہد
۱۴۹۰ء سے ۱۶۸۶ء تک

بہمنیوں کے زوال اور گول کنڈہ کی قطب شاہی سلطنت کے قیام سے بہت پہلے ہی علاقہ کرناٹک کے مرکزی شہر بیجاپور میں ایک آزاد سلطنت قائم ہوگئی اور علم و ادب کا مرکز بنتی گئی۔ اس کی ایک وجہ تو یہ تھی کہ اس کا بانی یوسف عادل شاہ (۱۴۹۰-۱۵۱۰ء) محمود گاوان کا تربیت یافتہ تھا اور اس نے اپنے مربی کی شہادت کے بعد ہی بہمنیوں کے خلاف علم بغاوت بلند کر دیا اور اس کے اعلان آزادی کے ساتھ وہ تمام اہل علم و فضل اس کے اطراف جمع ہو گئے۔ جو محمود گاوان جیسے عالم و فاضل وزیر کے دست گرفتہ تھے اور دوسری وجہ یہ تھی کہ خود یوسف علم و ادب کا دلدادہ اور فارسی کا اچھا شاعر تھا چنانچہ اس کا کلام موجود ہے اور کلام الملوک

(سلسلۂ یوسفیہ) میں شائع ہو چکا ہے۔ لیکن وہ اور اس کا فرزند اور جانشین اسماعیل عادل شاہ (۱۵۱۸ - ۱۵۳۴ء) دونوں اردو سے بیگانہ تھے۔ اس نے اسماعیل کی تعلیم و تربیت میں اس امر کا خاص خیال رکھا تھا کہ وہ کسی ہندوستانی زبان سے مانوس نہ ہو سکے۔ اس لئے کہ اسماعیل کی ماں ایک مرہٹہ عورت تھی اور اندیشہ تھا کہ اسماعیل فارسی و عربی و ترکی زبانوں سے بے بہرہ نہ ہو جائے۔ اس اہتمام کا نتیجہ یہ ہوا کہ اسماعیل کو فارسی کا تو بڑا اچھا ذوق حاصل ہو گیا لیکن مرہٹی اور اردو سے بالکل ناواقف رہا۔ وہ بھی اپنے باپ کی طرح فارسی میں شاعری کرتا تھا۔ وفائی اس کا تخلص تھا اور اس کے فارسی کلام کے وافر نمونے موجود ہیں! اسماعیل کا فرزند ابراہیم عادل شاہ (۱۵۳۴ - ۱۵۵۷ء) بھی موروثی ذوق علم و ادب سے بہرہ مند تھا۔ وہ خود غالباً شاعر نہ تھا، لیکن شعرا و علما کی قدر دانی میں اپنے بزرگوں سے کم نہ تھا۔ چنانچہ جب مولانا شہید قمی گجرات سے بیجاپور آئے تو ابراہیم نے ان کی سرپرستی کا آغاز اس طرح کیا کہ ان سے کہا "جتنا زر نقد اٹھا سکتے ہو خزانہ میں جا کر اٹھا لو"! شہید قمی نے جواب

دیا کہ "میں سفر کی وجہ سے تھکا ہوا ہوں جس دن گجرات سے چلا تھا آج سے دو چند طاقت رکھتا تھا"۔ بادشاہ نے ہنس کر کہا "تم نہیں جانتے کہ تاخیر کرنے میں آفت اور زیاں کا اندیشہ ہے۔ اس لئے اسی وقت جاؤ اور دو مرتبہ جس قدر اٹھا سکتے ہو اٹھا لو"۔ چنانچہ شاعر نے دو مرتبہ میں پچاس ہزار ہُن اٹھا لئے

ابراہیم کا فرزند علی عادل شاہ اس قسم کی قدر دانی اور دریا دلی میں اپنے آبا و اجداد سے بڑھا ہوا تھا۔ وہ ملا فتح اللہ شیرازی جیسے جید عالم کا شاگرد تھا۔ اس کے دربار میں بڑے بڑے صاحبِ کمال جمع تھے۔

اس دور کی ادبی سرگرمیاں بادشاہ کی دلچسپی کے علاوہ ان کے وزیر افضل خاں شیرازی کی فیاضی کی بھی رہین منت ہیں۔ یہ بھی فتح اللہ شیرازی کا شاگرد تھا اور خود بھی عالم و فاضل تھا۔ اس نے بیجاپور کو عالموں اور فاضلوں کا مرکز بنانے کی خاطر لاکھوں روپے صرف کیے۔ اس کے اور اسکے استاد ملا فتح اللہ کے مکان پر اکثر اوقات علمی و ادبی مجلسیں گرم ہوتی تھیں۔ بڑے بڑے صاحبِ کمال جمع ہو کر علمی بحثیں کیا

کرتے تھے اور خود بادشاہ کے روبرو دربار شاہی میں اس قسم کی مجلس روز منعقد ہوتی تھی۔ لیکن یہ تو دربار کا حال تھا۔ بازاروں اور فقیروں کی خانقاہوں میں تو اردو ہی کا دور دورہ تھا۔ بہمنی دَور کے آخری شعرائے اردو شاہ میراں جی اور شہباز حسینی اس وقت بیجاپور ہی میں مقیم تھے اور ان کے مکان اور خانقاہیں اردو کا مرکز بن گئی تھیں۔ چنانچہ انھوں نے عوام اور مریدوں کی تلقین کے لئے اردو میں بہت کچھ لکھا اور ان کی اردو کتابوں کے نمونے اب تک موجود ہیں جن کا ذکر بہمنی دَور کے اردو ادب کے بیان میں گزر چکا ہے۔

علی عادل شاہ کا جانشین اس کا بھتیجا ابراہیم عادل شاہ ثانی (۱۵۸۰-۱۶۲۶ء) ہوا جو گولکنڈہ کے محمد قلی قطب شاہ کا نہ صرف ہم عصر بلکہ کئی باتوں میں اس کا ہم ذوق و ہم مشرب تھا۔ یہ نہ صرف علم دوست اور عالموں اور صوفیوں کا قدردان تھا بلکہ خود بھی ایک بہت بڑا صاحبِ کمال تھا۔ اس کے عہد میں جب مغلوں نے گجرات اور احمد نگر کی سلطنتوں کو تباہ کرنا شروع کیا تو اس نے وہاں کے تمام باکمالوں کو بیجاپور میں آجانے کی دعوت دی اور ان کے

آنے کے لئے بڑی بڑی رقمیں دے کر اپنے آدمیوں کو ان سلطنتوں کی طرف روانہ کیا۔ اس فیاضی نے بیجاپور کو علم و فضل کی تاریخ میں زندہ جاوید بنا دیا۔ مختلف ملکوں کے شاعروں، عالموں، صوفیوں اور اولیا اللہ کی آمد نے بیجاپور کی زندگی میں ایک ایسی جان ڈال دی کہ یہ شہر تقریباً ایک صدی تک علوم و فنون کا مرکز بنا رہا۔

اس عہد کے مشہور صاحبِ کمالوں میں علامہ نورالدین ظہوری۔ مولانا ملک قمی۔ شیخ علم اللہ محدث۔ ملا رفیع الدین شیرازی۔ حکیم محمد ابوالقاسم فرشتہ۔ اور شاہ صبغتہ اللہ اور ان کے خاندان کے افراد کا تذکرہ ہی بہت کافی ہے۔ ظہوری نے بادشاہ کی ہندی کتاب نورس کا وہ اہم دیباچہ لکھا جو سہ نثر ظہوری کے نام سے مشہور ہے اور فارسی نثر کی ایک بہترین کتاب سمجھی جاتی ہے۔ رفیع الدین شیرازی نے ۱۶۰۸ء میں سلاطین بیجاپور کی اہم تاریخ تذکرۃ الملوک لکھی۔ محمد قاسم فرشتہ نے ابراہیم عادل شاہ ہی کے حکم سے سنہ ۱۶۰۰ء میں ممالک ہند کی بے مثل تاریخ لکھی جو تاریخ فرشتہ کے نام سے مشہور ہے۔ ملک قمی نے مخزن اسرار نظامی کے جواب میں ایک

مثنوی لکھی اور اس کے صلہ میں بار شتر زر طلا حاصل کیا۔ ابراہیم اپنے ہم عصروں اکبر اور محمد قلی کی طرح ہندوستانیت کا دلدادہ تھا۔ ہندی لباس۔ زبان اور طرز معاشرت سے بڑی دلچسپی تھی۔ اور ہندی موسیقی کا تو خود بھی ماہر کامل تھا۔ اس کی سرپرستی کا شہرہ سنکر شمالی ہند اور خاص کر بنارس کے بڑے بڑے ماہرانِ موسیقی اس کے دربار میں جمع ہو گئے تھے۔ اس نے خود اس موضوع پر ہندی مین ایک مشہور کتاب نورس لکھی جس کے دیباچۂ فارسی کا تذکرہ گزر چکا ہے۔

ابراہیم عادل شاہ کی نورس چھپ چکی ہے۔ یہ پوری کتاب اگرچہ دکنی میں نہیں ہے لیکن بعض راگ اور راگنیاں دکنی میں بھی ہیں اور ظاہر کرتی ہیں کہ کلاسکل موسیقی کے لئے بھی اس زمانے میں دکنی بول استعمال کئے گئے۔ ابراہیم کی زبان موسیقی کی اصطلاحوں اور بحروں اور اس زمانے میں موسیقی کے لئے جو لفظی خزانہ رائج تھا اس سے معمور ہے۔ اس لئے عام دکنی کتابوں اور نظموں سے مختلف نظر آتی ہے۔ اس کی بحریں بھی عام دکنی کتابوں کی بحروں سے الگ ہیں۔ اس میں خواجہ سید محمد حسینی بندہ نواز کی مدح کے چند شعر یہ ہیں۔

سید محمد پتی میرا جیوں رتن میں اُتم ہیرا
محل محل صدر سنوارے اس نمونے بہشت اپارے
انند ہوتا ہے سدا بہارے ارتی لیائے انبر بھر تارے
کدم کستوری جو چندن لائے بادل کانسے ہور نگ برسائے

اسی زمانے میں بیجاپور میں ایک بہت بڑے ادیب اور شاعر شاہ برہان الدین جانم (سنہ ۱۵۴۲ - ۱۵۹۱ء) موجود تھے جو شاہ میراں جی کے فرزند اور خلیفہ تھے اور اپنے باپ کے کام رشد و ہدایت اور تصنیف و تالیف میں منہمک تھے وہ خود بھی بہت بڑے صوفی اور شاعر تھے۔ ان کی کئی کتابیں اس وقت موجود ہیں۔ ان کا کلام بہت مقبول ہوا اور اب بھی ہندوستان میں دور دور اس کے نسخے ملتے ہیں۔ ان کی مشہور کتابیں یہ ہیں۔

ارشاد نامہ۔ ڈھائی ہزار ابیات کی طویل مثنوی ہے جو شائع ہو چکی ہے۔ اس میں حمد و نعت کے بعد اپنے پیر و مرشد اور والد شاہ میراں جی کی مدح لکھی ہے اور پھر تصوف کے مضامین منظوم کیے ہیں۔ شاہ میراں جی کی مدح میں لکھتے ہیں :-

صفت کروں کچھ اپنا پیر　　جس تھے روشن ہوئے ضمیر
دھوں جگ میں منجھ مبت وہی　　سمروں لے من نیت وہی
تس کوں سمریں تن من شاد　　جس کا اہے منجھ پرساد
جگ میں اہے توں ہی رتن　　ہردے میں لے کردں جتن
راکھیا کو دن کو اس ٹھاوں　　تل تل سمروں لے اس ناول
پیر میراں جی شمس عشاق　　دھوں جگ رب تجھ کیا کشاف

شکھ سہیلا۔ ایک ترکیب بند ہے جس کا ہر بند چار مصرعوں پر مشتمل ہے جن میں آخری مصرع مشترک ہے ۔ اس نظم میں مرشد کے استفادہ اور معرفت و سلوک کے صحیح طریقوں کی تلقین کی ہے۔ یہ نظم بھی ڈاکٹر حفیظ سید کی ادارت اور شرح کے ساتھ چھپ گئی ہے اس کا پہلا اور آخری بند یہ ہے۔

بھو دھات یو گی کریں بچار گرین نہ پاویں سوے
سادھو جن کی سیوا لیویں تو چہ پراپت ہوے
گر پرسا دھوں کوئی یک جانے دیکھت برلا کوے
لوکا یہ مت کچھ الادھی جن بوجھ بجھتوں لادھی
سکھ کا سرور شاہ میراں جی انت کرن لے مانے
سہسر جبوا ہوے مکھ میرے نہ پوری کرت بکھانے

آکھیں جانم سوک سہیلا چاکھیا ہوے سو جانے
لوکا یہ مت پچھ الادھی جن بوجھ بختوں لادھی

ان کے علاوہ جانم کی دوسری اردو نظموں کے نام یہ ہیں :-
بشارت الذکر ۔ منفعت الایمان ۔ وصیت الہادی ۔ نکتۂ واحد رموز الواصلین وغیرہ ۔ انھوں نے دہرے بھی لکھے تھے اور ان کی زبان پر برج بھاشا کا اثر بہت نمایاں ہے ۔

اسی دور کا ایک شاعر عبدل بھی تھا جسنے ۱۶۰۳ء میں اپنے محسن ابراہیم عادل شاہ جگت گرو کے حالات ایک طویل اردو مثنوی ابراہیم نامہ میں قلم بند کئے ہیں ۔ یہ مثنوی حمد ۔ نعت ۔ مدح یاران رسول ۔ تعریف مرشد سید محمد حسینی گیسو دراز سے شروع کی گئی ہے ۔ اسکے بعد بادشاہ کے بُلا بھیجنے اور یہ حکم دینے کا حال لکھا ہے کہ " نئے مضمون کی ایک ایسی کتاب لِکھ کہ جس کا جواب کسی سے نہ بَن پڑے " عبدل نے دریافت کیا کہ کس زبان میں لکھوں کیونکہ میں سوائے ہندوی اور دھلوی کے کوئی اور زبان عرب و عجم نہیں جانتا " بادشاہ نے جواب دیا کہ جس زبان میں چاہے لکھو ۔ فن شعر کی خوبیاں اور عشق کے اسرار تو ہر زبان میں ملحوظ رہتے ہیں اور پرکھنے والے جوہر کو

خواہ وہ کسی رنگ و روپ میں ہو پرکھ لیتے ہیں۔" اس کتاب میں حسب ذیل عنوان قابلِ ذکر ہیں۔

شہر بیجاپور۔ عرابہ وحصار محل۔ ماہران رقص و موسیقی۔ دربار بادشاہ۔ نورس محل۔ مجلس شاہ عالم پناہ۔ شکار۔ ہیبت لشکر۔ شاہی ہاتھی۔ شاہی گھوڑے۔ سلحداران شاہی۔ باغ شاہی وغیرہ۔

عبدل کی زبان میں بھی ہندی کا اثر زیادہ ہے۔ اس کے چند شعر بطور نمونہ درج ہیں:-

او ہی شاہ استاد کر سو نظر	بلایا جو عبدل کوں سر ہاتھ دھر
نوی بات مضمون کر اک کتاب	نہ کوئی فکر گوندھیا ہو تس کا جواب
نہ باقی رہے کچھ تو عالم نشاں	اگر کچھ رہے تو بچن شعر جان
سو یوں بچن سن شاہ استادیاں	پوچھیا جگت گر شعر کہہ کس زبان
زباں ہندوی مجھ سوں ہور دہلوی	نہ جانوں عرب ہور عجم مثنوی

حکیم اتشی[1] بھی اس دور کا بڑا فارسی اور اردو شاعر تھا۔ اس کا تعلق شیراز کے ایک معزز خاندان سے تھا۔ وہ ابراہیم عادل شاہ کا شاہی طبیب تھا اور محل میں اس کی بڑی عزت ہوتی تھی۔ اس کی اردو شاعری کا ذکر ملتا ہے۔ لیکن کلام اب تک دستیاب نہیں ہوا۔

ابراہیم عادل شاہ کے دور میں اور بھی کئی اردو کے شاعر گزرے ہیں جن میں سے اکثروں کے نام اور کام ابھی منظرِ عام پر نہیں آئے۔ اور بعضوں نے اس کے فرزند محمد عادل شاہ کے دور میں شہرت حاصل کی جن کا ذکر آگے آئے گا۔

محمد عادل شاہ (۱۶۲۶-۱۶۵۶ء) نے اپنے باپ کی پیدا کی ہوئی علمی و ادبی فضا سے پورا فائدہ اُٹھایا۔ وہ خود تو غالباً شاعر نہیں تھا لیکن اس کا دربار اور پایۂ تخت شاعروں ادیبوں اور فنکاروں سے بھرا ہوا تھا۔ اس کی ملکہ خدیجہ سلطان شہر بانو گولکنڈہ کے محمد قطب شاہ کی دختر تھی اور اس کا بچپن وہاں کی ادبی فضا میں گزرا تھا اور جب وہ شادی کے بعد بیجاپور آئی تو اس کے ساتھ گولکنڈہ سے جو غلام روانہ کیے گئے تھے ان میں بعض نے بیجاپور میں شاعر کی حیثیت سے شہرت اور عزت حاصل کی۔ اس نے بیجاپور میں ادبی مقابلے منعقد کئے۔ چنانچہ ایک بار اعلان کیا کہ جو بھی خاور نامہ فارسی کا اردو میں ترجمہ کر کے لائے گا اس کو بیش بہا انعام دیا جائیگا اور وہ بہترین شاعر سمجھا جائے گا۔

محمد عادل شاہ اور خدیجہ سلطان کی ان اردو نوازیوں کا

نتیجہ یہ ہوا کہ اس عہد میں بہت زیادہ اردو کتابیں لکھی گئیں اور بیجاپور اردو کا ایک بہت بڑا مرکز بن گیا۔ اس عہد کے حسب ذیل شاعروں کی کتابیں قابلِ ذکر ہیں۔

قطبؔ رازی۔ بیدر کے ایک بزرگ شاہ ابوالحسن قادری کا معتقد تھا جو حضرت محبوب سبحانی کی اولاد میں تھے۔ اور ابراہیم عادل شاہ کے عہد میں بیجاپور آئے تھے۔ بادشاہ نے ان کا معقول وظیفہ مقرر کر دیا تھا اور بیجاپور کے عوام ان کے بے حد معتقد ہو گئے تھے۔ رازی نے ان کی بڑی تعریف کی ہے۔ اور انہی کی فرمائش پر سیّد راجو حسینی کے فارسی قصیدے تحفۃ النصائح کا اسی نام سے سنہ ۱۶۳۵ء میں اُردو میں ترجمہ کیا تھا اس میں ۷۰۶ شعر ہیں اور ۴۵ باب۔ اس کی زبان بہت صاف اور سلیس ہے۔ نمونہ یہ ہے :۔

تحفہ اصل اے فارسی سب ترجمہ دکنی کیا
صاحب سو دنیا دین کے شہ بو الحسن فرمائے پر
بندیاں میں سب کمترا ہے رازی تخلّص قطب کا
تحفہ کیا دکھنی زباں شہ کی رضا لے سیس پر
بندہ تو سب پر عیب ہے جو شاد بخشے عیب تول

بندہ نوازی شاہ سوں او عیب ہووے سب ہنر
ہجرت سے دس سو سال ہور چالیس پر بھی پانچ تھے
تب لے مرتب سو ہوا تحفہ سو دکھنی نامور

مرزا محمد مقیم مقیمی استرآبادی۔ ایران سے ابراہیم عادل شاہ کی شہرت سن کر بیجاپور آیا تھا۔ اور فارسی کا بڑا اچھا شاعر تھا۔ بیجاپور کی اردو نوازی سے متاثر ہو کر سنہ ۱۶۳۸ء میں ایک اردو مثنوی چندر بدن و مہیار لکھی تھی جس میں ایک ہندو شہزادی چندر بدن اور مسلمان تاجر زادہ محی الدین (مہیار) کے عشق کی داستان بیان کی ہے۔ سبب تالیف میں گولکنڈہ کے غواصی کا بھی ذکر کیا ہے۔ کیونکہ وہ اس مثنوی کی تالیف کے دو تین سال قبل بیجاپور کو بحیثیت سفیر آیا تھا اور یہاں بحیثیت شاعر بھی اس کی بڑی قدر و منزلت ہوئی تھی۔ سبب تالیف کے چند شعر یہ ہیں:-

قصہ منجھ پرت کا کہا ایک اُن جو بسرے تو لیلیٰ و مجنوں کون سُن
ہوا دل پہ یوں کر تفکر قریب کہوں شعر موزوں حکایت عجیب
بچن دُر ہو دل تے ابلنے لگے نوے طرز خوش تب نکلنے لگے

تتبع غواصی کا باندیا ہوں میں		سخن مختصر لا کےساندیا ہوں میں

دلے میں اپس کوں سراہا نہیں
شعر میں کسی کا پھرایا نہیں

مقیمی کا ایک ہم عصر امین[۹] بھی تھا جس نے اسکی مثنوی چندر بدن و مہیار کو دیکھ کر ایک مثنوی بہرام و بانوحسن لکھی تھی جس میں اپنے مرشد شاہ عالم کا ذکر کیا ہے۔ لیکن وہ یہ مثنوی مکمل نہ کرسکا بلکہ اسی دور کے ایک اور شاعر مرزا[۱۰] دولت شاہ نے اس کی تکمیل کی۔ دولت دراصل فارسی کا بلند پایہ شاعر تھا۔ اس نے سنہ ۱۶۴۸ء میں آمین کی اس مثنوی کی تکمیل کی۔

مثنوی بہرام و بانوحسن میں شادی کا جو سماں پیش کیا گیا ہے اس کے چند شعر بطور نمونہ درج ہیں جن سے اسکی زبان اور اسلوب کا اندازہ ہوسکے گا:-

کیا فرش زریں سو ہر ٹھار پر		بنائے محل سارے گلزار پر
بچھے قالیناں بیچ ایوان کے		دھرے تکیے بغلی بڑی شان کے
بہوت بھانت سوں سارے مسند کیا		جواہر کے راسوں سوں زینت کیا
کیا آب پاشی وہاں ہر زماں		صبح و شام تھڑکا ہوئے بے گماں

تھے چھتیس باجے اسی ٹھار پر
بجا نہار موجود تھے کارگر

مرزا دولت شاہ نے غزلیں بھی لکھی تھیں۔ ایک غزل کے چند شعر یہاں اس لئے درج ہیں کہ بیجاپور کی اس سے پہلے کی عشقیہ غزلیں نہیں ملی ہیں۔

لذت لذیذ نرمل صورت جمال حلوا
گوری کا رنگ لب ہے جیو کا اولال حلوا
شرنی فروش سارے حیراں رہے بچارے
دیکھ سدا پس بسارے تجھ نرم گال حلوا
عاشق کوں موں ہنک کر بولے سو شاہ دولت
تجھ لب تے توں زرا دے مجھ کوں اتال حلوا

ظہور[11] ابن ظہوری ترشیزی بھی اس دور میں اردو کا شاعر تھا۔ اس کے باپ ظہوری نے ۱۵۸۰ء میں ابراہیم عادل شاہ ثانی کے دربار میں رسائی حاصل کی تھی اور نورس کا دیباجہ لکھا تھا۔ ظہور نے بیجاپور کی اردو نواز فضا میں پرورش پائی اور اردو شعر و سخن کے ذوق سے بہرہ ور ہو کر غزلیں لکھی تھیں۔ اس کی غزلوں کا نمونہ یہ ہے :-

جوبن سنین سج کر گج مست ہو چلی ہے
لنگر سو پیجناں ہور گھونگراں کی کھلبلی ہے
دو تین تیرے راوت میلا کریں پرم کا
سرکاٹ عاشقاں کا تن سوں جدا کری ہے
اے شوخ بات غافل برہا کھڑا ہے مشکل
بکتل ظہور سوں مل یو جانِ دلبری ہے

حسن شوقی[12] بھی اس دور میں بیجاپور میں مقیم تھا اور یہیں سے بعد کو گولکنڈہ روانہ ہوا تھا۔ وہ اصل میں ایک جہاں گشت شاعر تھا۔ پہلے احمد نگر میں رہا اور وہاں ایک مثنوی "فتح نامۂ نظام شاہ" لکھ کر شہرت حاصل کی۔ بیجاپور میں اس نے عادل شاہ کی شادی کی دعوت کا تفصیلی حال ایک مثنوی "میزبانی نامۂ عادل شاہ" میں لکھا ہے۔ وہ غزلیں بھی اعلیٰ پایہ کی لکھتا تھا اور بلند مرتبہ شاعر تھا۔ اس کی غزلوں کا نمونہ درج ذیل ہے۔

تجھ مکھ کنول کو لے بدل جگ میں سرنگ لالہ ہوا
تجھ زلف تھے اچا بھور دوجا بھونک کالا ہوا
تجھ نین تے نرگس کھلے عنبر کھٹے بن کر کھلے
تجھ خوے تے دونا ہوا مروا ہوا بالا ہوا

شوقی ہماری برہ کے راسا کوں جیو جھو کا فلک
پاسنگ تس میزان کا کیا دیں نہ نالا ہوا

جنے تجھ برہ یاد کے میں جہنّم کا جسم پکڑے
تونے حوض کوثر تے کدھیں یک پل نہ نم چکھے
عجب کیا ہے جو پاوے تو اثر تیرے دہن کا کچھ
بقا توشہ فنا کا لے اگر راہِ عدم پکڑے
ہمارے حال پر شوقی بجز حق کوئی واقف نیں
کراما کاتبیں مسکیں رہے حیراں قلم پکڑے

محمد ابراہیم[۱۳] صنعتی نے حضرت تمیم انصاری کا واقعہ "قصۂ بے نظیر" کے نام سے اسی زمانہ میں سنہ ۱۰۴۵ھ میں منظوم کیا تھا۔ یہ ایک طویل مثنوی ہے جو شائع ہو چکی ہے۔ صنعتی کی نشوونما اگرچہ عہد ابراہیم میں ہوئی تھی مگر اس نے اس دور میں شہرت حاصل کی۔ وہ ایک بلند پایہ شاعر تھا اور برجستہ تشبیہوں کی وجہ سے اس کی یہ مثنوی شہرت رکھتی ہے۔ اس عہد میں سمندری سفر کس طرح کیا جاتا تھا۔ اس کی تفصیل بھی اس نے اپنی مثنوی میں

بیان کی ہے۔ اس موقع کے چند شعر یہ ہیں :-

سبک سیر تھا اس گراں بار سے تھ
چلے جاں کہے منہ بس کی منہ میں بات
کہے دیکھ کشتی کوں توں سر بسر
کہ یک شہر چلتا ہے پانی اُپر
دک جلد تھا گرچہ بے پانے تھا
سو بے پانے نت آب پیاسے تھا
اگر بیگ جانے کا ہمہ آپڑے
ومہ ساتھ کشتی او کُشتی کرے
پھریں جہاز او جوں زنِ باردار
سو یک پیٹ میں اس طفل کئی ہزار

کمال[۱۴] خاں رستمی بیٹا تھا اسمعیل خطاط خاں کا جو بیجاپور کے شاہی دربار میں چھ پشت سے خوشنویسوں کے زمرے میں ملازم تھا۔ رستمی ایک ٹھیٹ بیجاپوری شاعر تھا اور اس نے قصیدے، غزلیں، مثنویاں جملہ اصناف سخن میں کمال حاصل کیا تھا اور اردو نثر بھی لکھی تھی۔ خدیجہ سلطان شہر بانو بیگم کے اعلانِ انعام پر

اس نے فارسی خاورنامہ ابن حسام کا عمدہ اردو ترجمہ ۱۶۴۹ء میں کیا تھا۔ یہ فردوسی کے شاہنامہ کی طرز پر ایک طویل مثنوی ہے جس میں حضرت علی کی لڑائیاں بیان کی گئی ہیں۔ رستمی کا خاورنامہ اردو کی طویل ترین مثنویوں میں شمار کیا جاتا ہے اس لیئے کہ اس نے چوبیس ہزار ابیات لکھی ہیں اور یہ پوری مثنوی اس نے ڈیڑھ سال کے عرصے میں مکمل کی۔ ابتدائی حصہ میں مختلف عنوانات پر اپنی اُستادیِ فن کا مظاہرہ کیا ہے۔ وہ واقعی ایک بڑا شاعر تھا۔ اور اسی لیئے اس کی یہ کوشش فارسی خاورنامہ کے دوسرے تمام اردو ترجموں پر سبقت لے گئی اور وہ ملکہ خدیجہ سُلطان کی نظر میں انعامی مقابلہ میں اول قرار پایا۔ اسکے سبب تالیف کے چند اشعار بطور نمونہ یہاں درج ہیں :-

فلک کوں وفاداری اندیشہ نیں
بغیر از جفا اسکوں کچھ پیشہ نیں

اتھی خوب یو زندگی ہور ہوس
اگر مرگ کا ڈر نہ ہوتا زبس

اجل سات کوئی جیو چھپایا نہیں
اپس د۔ دکوں دارو کھایا نہیں

بچھانا بھی کوئی یاں بچھایا نہیں
جو اس پر اجل ہت پچھرایا نہیں

دنیا میں یہی رسم معتاد ہے
اسی رسم پر آدمی شاد ہے

پہ بہتر وہی ہے کہ جوں راستاں
سواروں اپس دل میں تھے داستاں

اسی نامہ سوں نام مجہ ہوے بلند
ہوئے خلق بھی اس ستے بہرہ مند

ملک خوشنود[۱۵] بھی ان شاعروں میں سے تھا جنھوں نے ملکہ خدیجہ سلطان کے انعامی مقابلہ میں حصّہ لیا اور اوّل آیا۔ یہ اصل میں گولکنڈہ کا غلام تھا جو خدیجہ سلطان کے جہیز میں شہزادی کے ساتھ گولکنڈہ سے بیجاپور کو گیا تھا۔ خدیجہ سلطان دورانِ سفر میں اس کے حُسنِ انتظام اور وفاداری سے اتنی خوش ہوئی کہ بیجاپور میں اپنے محل کی خدمت سپرد کی۔ خوشنود نے بیجاپور میں بھی شاعر کی حیثیت سے اپنی جگہ پیدا کر لی اور دربار میں اتنی اہمیت پائی کہ سنہ ۱۶۳۵ء میں بیجاپور کا سفیر بنا کر گولکنڈہ

روانہ کیا گیا۔ اور گولکنڈہ میں وہاں کے اس سابق غلام کی ایسی قدر کی گئی کہ کسی سفیر کا ایسا شاندار استقبال نہیں کیا گیا تھا۔ چنانچہ شاہی محل کے عہدہ دار شہر سے باہر آکر اس کا خیر مقدم کرکے اس کو شہر میں لے گئے۔ ملک خوشنود نے دربار میں پہنچکر سلطان عبداللہ کی تعریف میں ایک ایسا قصیدہ پڑھا کہ بادشاہ پھڑک گیا اور خلعت اور انعامات سے سرفراز کرکے ایک عظیم الشان عمارت میں اسکی بود و باش کا انتظام کیا اور رہا۔ یا لی کیوقت بیش بہا تحائف سے سرفراز کیا۔ جب خوشنود بیجاپور واپس ہونے لگا تو گولکنڈہ کے درباری شاعر ملا غواصی کو اسکی مشایعت کے لئے بیجاپور تک روانہ کیا۔

ملک خوشنود نے متعدد قصیدے اور غزلیں لکھیں امیر خسرو کی فارسی مثنویوں کا اردو میں ترجمہ کیا جن میں یوسف زلیخا بازار حسن اور ھشت بہشت بہت مشہور ہوئیں ہشت بہشت محمد عادل شاہ کے حکم سے لکھی گئی تھی۔ اس کا اسلوب بیان بہت ہی سلیس ہے۔ دنیا کی بیوفائی سے متعلق اس نے جو خیالات ظاہر کئے ہیں ان کے چند شعر یہ ہیں :-

عجب بے مہر دنیا بے وفا ہے   محبت نین اس کا سب جفا ہے

جتے ہیں دوستاں فرزند ساتی　　　سکل ہیں گور لگ اوسب سنگاتی
ملے ہیں باپ بھائی سب مراتی　　　ولے کوئی گور میں ہرگز نہ آسی
کہاں دارا سکندر شہ کیانی　　　کہاں جمشید جم حاتم دورانی
کہاں خسرو کہاں اور رستم زال　　　سنیا نوشیرواں کا کیا ہوا حال

چلے جوں نیک مرداں چل تو خوشنود
خدا حاصل کریں گا دل کا مقصود

محمد عادل شاہ کی وفات کے بعد اس کا اکلوتا لڑکا علی عادل شاہ ثانی (سنہ ۱۶۵۶ - ۱۶۷۲ء) تخت نشین ہوا۔ یہ بادشاہ خود بھی اردو کا بہت بڑا اور اچھا شاعر تھا اور اپنے باپ اور دادا کی طرح ان کا سرپرست اور مربی تھا۔ اس کا مکمل اردو دیوان موجود ہے۔ علی عادل شاہ کا تخلص شاہی تھا۔ اس نے غزلیں۔ قصیدے۔ مثنویاں سب لکھی ہیں اور اپنے دادا ابراہیم کی طرح موسیقی کی راگ راگنیاں بھی منظوم کی ہیں۔ اس کے کلام میں سوز و گداز بھی ہے اور رعنائی بھی۔ اس کی عمر کا بیشتر حصہ مغلوں سے معرکہ آرائی اور پریشانی میں گزرا اور شاید اس لئے بھی اس کے کلام میں تڑپ اور بے چینی پائی جاتی ہے۔ یاقوت اور مرجان کی پرکھ کے بارے میں اسکی یہ حسب ذیل غزل بہت دلچسپ ہے :-

سارے جہاں کے پارکھی پرکھوں رتن کیونکر کہو
یاقوت ہور مرجان میں کو ہے رتن برتر کہو
بولے جہاں کے پارکھی ہمنا نہ آوے بولنا
تمنا سہاتا بولنا اے شاہ بحر و بر کہو
بولیا ہوں نت میں فکرتے یوں دو رتن کا فرق کر
گر کچھ اچھے انصاف تو اس بول کوں خوشتر کہو
مرجان میں صافی نہیں یاقوت میں صافی اچھے
جس ذات میں صافی اچھے اس ذات کوں بہتر کہو
یاقوت ہور مرجان کی شاہی لکھیا ساری غزل
سن کر جگت کے شاعراں اس شعر کوں افسر کہو

اس نے بہت سے گیت بھی لکھے ہیں جو سوز و گداز اور تڑپ سے معمور ہیں۔ ایک گیت کے دو بند یہ ہیں :-

کوئی جاؤ کہو مج ساجن سات		میں تیہ بندی توں کیتا گھات
دل میرا اپنے سات کیا
مج برہے میں دن رات کیا
دلداری کا نا بات کیا
سب برانگھ ہیہات کیا

کئی مج سوں ایسا گھات کیا

کوئی جاؤ کہو مج ساجن سات میں نیہ بندی توں کیتا گھات

تجھ یاد منیں تلملتی ہوں
لہو تیل منے دل تلتی ہوں
تن موم بتی ہو جلتی ہوں
اس جلنے سے نا ٹلتی ہوں
سب رین برہ میں گلتی ہوں

کوئی جاؤ کہو مج ساجن سات میں نیہ بندی توں کیتا گھات

علی عادل شاہ کے دربار کا ملک الشعرا مُلّا نصرتی اردو کا ایک بہت بڑا شاعر تھا۔ اس کے حالاتِ زندگی اور کلام پر مولوی عبدالحق صاحب نے ایک مبسوط کتاب مرتب کرکے چھپوائی ہے اور اس کی مثنویاں گلشن عشق اور علی نامہ بھی شائع ہو چکی ہے۔ وہ رزمیہ اور بزمیہ دونوں قسم کی شاعری کا استاد تھا۔ غزلیں بھی لکھی ہیں اور قصیدے بھی۔ خاصکر قصیدہ نگاری میں دکن کا کوئی شاعر اس کا ہم پلہ نظر نہیں آتا۔ نصرتی بیجاپور کا ایک موروثی سلحدار تھا اور کئی پشتوں سے حضرت خواجہ بندہ نواز کے سلسلہ میں مرید۔ ان باتوں پر اس نے اپنی کتابوں میں بڑا فخر

کیا ہے ۔ وہ علی عادل شاہ کا بچپن کا ساتھی اور مقرب تھا اور اس زمانے کے رواج کے مطابق خود کو با دشاہ کا شاگرد ظاہر کرتا ہے۔ واقعہ یہ ہے کہ بادشاہ کے استاد بھی خود کو شاگرد اور بادشاہ کو اپنا استاد لکھا کرتے تھے ۔

نصرتی کو بیجا پوری دربار میں وہ عزت او ۔ مرتبہ حاصل تھا جو کسی اور دکنی شاعر کو کسی جگہ حاصل نہیں ہوا ۔ وہ ہر وقت علی عادل شاہ کے ساتھ رہتا اور رزم و بزم دونوں میں اس کا شریک تھا ۔ اس نے علی عادل شاہ کے صرف دو سال بعد ہی سنہ ۱۶۷۵ء میں وفات پائی ۔ اس نے سنہ ۱۶۵۷ء میں ایک رزمیہ مثنوی گلشنِ عشق لکھی جس میں کنور منوہر اور مدمالتی کی عشقیہ داستان قلم بند کی ہے ۔ سنہ ۱۶۶۵ء میں ایک رزمیہ مثنوی علی نامہ لکھی جس میں علی عادل شاہ کی داستان رزم بزم قلم بند کی ہے اور در اصل اسی کتاب سے اس کی اُستادی اور صاحب کمالی کا اندازہ ہوتا ہے ۔ اس کی غزلوں کے ایک مجموعہ گلدستہ عشق کا بھی ذکر ملتا ہے ۔ اس کی چوتھی کتاب " تاریخ اسکندری " علی عادل شاہ کی وفات کے بعد مرتب ہوئی تھی اور علی کے جانشین سکندر عادل شاہ سے منسوب ہے ۔

نصرتی کے قصیدے، مثنوی اور غزل کا مختصر سا نمونہ یہ ہے۔ علی عادل شاہ کی مدح میں لکھتا ہے :-

جب تے جھلک دیکھیا اوک سورج تری تروار کا
تب تے لگیا تھر کانپنے ہو پُر عرق یک بار کا
کوئی بند جو تیری کھڑگ کے پانی کی دریا میں پڑے
کھا جوش اوک یک نیر ہوئے تختہ اکھنڈا گار کا
کس میں تو طالع کے قوی تجھ تے اوک جم جم دسے
جس میں تو عالمگیر ہو آیا سکندر سار کا
کوئی مہرہ مریخ انگے جانباز نیئں لے جا سکے
جاں رزم کے تختے پو توں شش در بند پھل ہار کا
ہر فصل شہ کے وصف کی لکھتا تو ہوئے کئی ورق
پڑتا ہوں سرنامہ بڑی یک فتح کی طومار کا

مغل فوجوں کے حملۂ دکن کا منظر مثنوی میں اس طرح کھینچا ہے :-

کہتا ہوں اتا فوج دھلی کی بات　　چلی تھی دکن دل پہ کس دھات سات
کہ جس فوج کوں دیکھنے میں سمج　　دسے نا کسے انتہا ہور اونچ
ہتیاں کا عرابہ چلے میل میل　　اتھا جس میں سردار اصحاب فیل

سراسراگر بھار سارا دسے تو یک فوجدارس میں دارا دسے
سبک منصبی ہور بھاری کتے اتھے کئی صدی ہور ہزاری کتے
یک یک ملک کے نام آور جواں دو اسپہ سہ اسپہ سپہ بے گماں
مغولاں کتے ملک و کئی شہر کے کتے ہندو کئی ماورالنہر کے

غزل کا نمونہ یہ ہے :-

کرتا ہے ماہِ نو کو سپورن کر آفتاب
تو آرسی کو ہاتھ پکڑ اور کر آفتاب
تج حسن کا جھلک جو پڑے زنگبار پر
ہر حاملہ وہاں کی جنے دختر آفتاب

مغرور بے خبر ہے مد سوں مدن کی بالی
عالم کے جیو لینے لوچن میں ہے سو لالی
اس خام سن میں دیکھو کیا پختگی کے فن ہیں
دینے کو وصل کا پھل لینے کو جیو اُتالی
برھے کے بن میں غم سوں جلتا ہوں شمع نمنے
دکھلا ضیا درس کا اے خاورِ جمالی

اس دَور کے ایک غیر درباری شاعر شاہ[۱۸] ملک کا ذکر بھی ضروری ہے۔ بیجاپور میں شاہی حلقہ کے علاوہ میراں جی اور بیدر کے صوفیوں اور مشائخوں کے زیر اثر تصنیف و تالیف کے کئی حلقے قائم تھے اور ترقی کر رہے تھے۔

اسی حلقہ کے ایک شاعر شاہ ملک تھے جنھوں نے ۱۶۶۶ء میں ایک مذہبی مثنوی شریعت نامہ لکھی تھی جو احکام الصلوٰۃ کے نام سے بھی مشہور ہے۔

انھی مذہبی حلقوں میں شاہ امین الدین[۱۹] اعلیٰ (۱۵۹۱ تا ۱۶۷۵ء) اس عہد کے سب سے بڑے صوفی اور بزرگ مانے جاتے تھے۔ وہ شاہ برہان الدین جانم کے فرزند اور ان کی وفات کے بعد پیدا ہوئے۔ اپنے باپ اور دادا شاہ میراں کی طرح رشد و ہدایت اور تصنیف و تالیف کے کام کو جاری رکھا۔ ان کے خلیفہ اور شاگرد بعد کو تمام دکن میں پھیل گئے تھے اور اس طرح شاہ میراں جی کا فیض دور دور پہنچا اور اب تک اس سلسلہ کے بزرگ موجود ہیں اور صوفیانہ کلام لکھتے ہیں۔

شاہ امین ایک فطری شاعر تھے اور بہت سی مثنویاں اور قصیدے اور ترکیب بند اور گیت لکھے۔ نثر میں بھی کئی رسالے

مثلاً گفتارِ شاہِ امین اور گنجِ مخفی وغیرہ ان سے منسوب ہیں۔ سنہ ۱۶۷۵ء میں فوت ہوئے۔ یہ ان کی نثر کا نمونہ ہے :-

"بوج اے طالب تحقیق اس لاہوت کے مقام میں اگر وصل ہوا سو اس کوں حاصل آنے گی سو تجلی بھانت بھانت کی روش ہے۔ اس کے تئیں اس کی استعداد کے مناسب حاصل ہووے گا یعنی ازل کے موافق حاصل ہوے گا"

مثنوی کا نمونہ یہ ہے :-

ادنی عاشق اعلیٰ بوج		یہ دو مقصود آکھوں تج
عاشق ادنی جوں پتنگ		اعلی موم بتی کا رنگ
جوں پتنگا دیکھ نپا		آپ جل کر ہوئے فنا
دلے ولایت جیوں پتنگ		موم بتی یہ نبوت رنگ
یہ سب بوجھے اس کا رموز		بوجھے مجلس شب اور روز

۲۰۔ سید میران ہاشمی ایک مادرزاد اندھے شاعر تھے جو اسی حلقۂ صوفیہ کے ایک بزرگ شاہ ہاشم علوی کے معتقد تھے۔ انھوں نے مثنویوں اور مرثیوں کے علاوہ ریختی میں ایک پورا دیوان مرتب

کیا تھا جو سلسلۂ یوسفیہ کی طرف سے چھپ رہا ہے۔ انھوں نے سنہ ۱۶۸۷ء میں مثنوی یوسف زلیخا کو اردو میں منتقل کیا تھا۔ اس مثنوی کے بھی کئی نسخے موجود ہیں۔ چونکہ ہاشمی نے ریختی میں کمال حاصل کیا تھا۔ اس لئے اس کا نمونہ یہاں درج کیا جاتا ہے۔ اس لئے بھی کہ یہ اس صنف سخن کی اولین کوشش ہے۔

سجن آویں تو پردے سے نکل کر بھار بیٹھوں گی
بہانہ کر کے موتیاں کا پرونے بار بیٹھوں گی

انو یہاں آؤ کہیں گے تو کہوں گی کام کرتی ہوں
اٹھلتی ہور سنبھلتی چپ گھڑی دو بار بیٹھوں گی

نزک یو اُن کے جاتے کو خوشی سوں شاد ہوں دل میں
دلے لوگاں میں دکھلانے کوں ہو بیزار بیٹھوں گی

بلایاں جیو کا لے میں پڑونگی پاؤں دل سوں میں
دلے ظاہر میں دکھلانے کوں مو غصیار بیٹھوں گی

کروں گی ظاہرا چپ میں غصت مور مان ہٹ لیکن
مریکن پرتے جیو اپنا یہ جیو میں وار بیٹھوں گی

کنے کو چپ کتی ہوں میں ولے میں دل میں گھٹ کی ہوں
نزک ہو ہاشمی سوں مل کو آنٹوں پہار بیٹھوں گی

محمد امین ایاغی[۲۱] ایک مذہبی شاعر تھا اور علی عادل شاہ کا مداح۔ اس نے ایک مثنوی "نجات نامہ" سنہ ۱۰۷۶ھ میں لکھی تھی جو شایع ہو چکی ہے اور پند و نصائح سے معمور ہے۔

شغلی[۲۲] بھی اسی زمانہ کا شاعر تھا اور اس نے بھی ایاغی کی طرح ایک مذہبی مثنوی "پند نامہ" لکھی تھی جو موجود ہے اور اس کے کلام کے نمونے شایع ہو چکے ہیں۔

سیوا[۲۳] نے ۱۰۹۰ھ میں فارسی روضۃ الشہداء کا اُردو نظم میں ترجمہ کیا تھا لیکن یہ مثنوی اب نایاب ہے۔ وہ گلبرگہ کا باشندہ تھا اور علی عادل شاہ کے عہد میں بیجاپور آگیا تھا۔ اسنے مرثیے بھی لکھے تھے۔

اسی طرح کا ایک مذہبی شاعر کلی[۲۴] بھی تھا جس نے ایک مثنوی "پند دلبند" لکھی تھی جو موجود ہے اور نمونہ کلام شایع ہو چکا ہے۔

عبدالکریم کریم[۲۵] بھی اسی دور کا شاعر اور شاہ میراں جی کے حلقہ ارادت میں شامل تھا اور ان کی طرز کی نظمیں اور کبت لکھا کرتا تھا۔ ان کی مدح میں بھی نظمیں لکھی ہیں جن میں زیادہ تر تصوف کے مضامین باندھے ہیں۔

اسی طرح شاعروں میں مومن[۲۶] مولائی[۲۷] حسینی[۲۸] اور مختار[۲۹]

قابلِ ذکر ہیں۔ یہ سب مذہبی موضوعوں پر لکھتے تھے۔ مومن چینا پٹن کا باشندہ تھا۔ سنہ ۱۰۹۲ھ میں سید محمد جونپوری کی حیات اور تعلیمات پر ایک مثنوی اسرارِ عشق لکھی تھی۔ مرتضیٰ کی مثنوی "وصل نامہ" میں وحدت الوجود کے مسائل بیان کئے گئے ہیں۔ مختار نے سنہ ۱۰۸۲ھ میں ایک طویل مثنوی معراج نامہ لکھی تھی جس میں تیس ہزار ابیات ہیں۔ حسینی شاہ امین الدین اعلیٰ کے مرید اور خلیفہ تھے۔ وہ غزل گو تھے اور ان کا دیوان موجود ہے۔

نمونہ کلام یہ ہے :-

تمہارے دید کا لذت ہمارے آرزوں سوں پوچھو
ہور اپنے حسن کی خوبی یو چشم ناز سوں پوچھو
سینے سے کھینچ کو سینہ لگائے شوق سوں پیارے
اور راحت ہور خوشی جی کی اسی جان باز سوں پوچھو
حسینی منتظر بیٹھا ہے کب سوں چاند سوں مکھ کا
اگر ہو دل منے پیارے تو پھر کیوں راز سوں پوچھو

---

۳۰ قدرتی اس دور کا ایک مثنوی گو تھا۔ اس نے ایک طویل مثنوی قصص الانبیا لکھی تھی جس میں دس ہزار بیتیں ہیں۔

کسی فارسی کتاب کا ترجمہ نہیں بلکہ خود قدرتی نے یہ قصے مختلف کتابوں اور تفسیروں سے اخذ کر کے لکھے ہیں

قادر[۳۱]۔ شاہ امین الدین اعلیٰ کے خلیفہ تھے اور عام طور پر قادر لنگا کہلاتے تھے۔ انھوں نے غزلیں۔ مثنویاں اور مرثیے لکھے زیادہ تر تصوف و اخلاق کے مضامین لکھتے تھے۔ ان کی ایک مثنوی "معجزۂ خاتونِ جنت" بھی موجود ہے۔ کلام کے نمونے شائع ہو چکے ہیں۔

شاہ من عرف[۳۲] بھی امین الدین اعلیٰ کے مرید تھے اور انہی کی طرز میں گیت اور نظمیں لکھا کرتے تھے۔

اسی طرح شاہ[۳۳] معظم بھی اسی سلسلے کے شاعر اور قادر کے مرید تھے ان کی مثنویاں شجرۃ الاتقیا اور گنج مخفی موجود ہیں

یہ دور انہی مذہبی شعرا پر ختم ہو جاتا ہے۔ جس میں علی عادل شاہ شاہی کے ساتھ بیجاپور کی آزادی اور مرکزیت ختم ہو چکی تھی اور دربار کی قدردانی سے جس قسم کے شاعر پیدا ہو سکتے تھے انکا سلسلہ بھی بند ہو گیا تھا۔ اس لئے مذہبی قسم کی شاعری بعد کے دور میں چلتی رہی اور مرثیے بھی عام طور پر مقبول رہے۔

ان مرثیہ گویوں میں مرزا[۳۴] بیجاپوری بہت مشہور ہوا

اس نے سوائے مرثیوں کے اور کچھ نہ لکھا۔ علی عادل شاہ نے مدح لکھنے کی فرمایش کی تھی تو مرثیہ لکھ کر بادشاہ کے نام سے معنون کر دیا۔ اور کہا جاتا ہے کہ مرثیہ پڑھتے وقت ہی فوت ہوگیا۔ اس کے مرثیے دکن میں اب تک مقبول ہیں۔ اور ایک مرثیہ تو اب تک پڑھا جاتا ہے جس کے چند شعر یہ ہیں :-

الودا اے الودا شاہِ شہیداں الودا
الودا ابنِ علی دو جگ کے سلطاں الودا
یو شفق نیتیں ہے گگن پر صبح و شام اس درد سوں
نت بھرا دیں لہو منے دامن گریباں الودا
اس جفا کے تیر مبیٹھے ہیں گگن کے تن اوپر
نیں ستارے ہیں یو سب دستے ہیں پیکاں الودا
شہ کا ماتم سن دریا کی موج نت نعرا کرے
غرق ہیں اس غم سوں سب لولو و مرجاں الودا
ہر محرم میں حسین کے درد کے تازے ہزار
دل اوپر مرزا کوں موتے ہیں یو داغاں الودا

قطب شاہی عہد

سنہ ۱۵۰۸ء سے ۱۶۸۷ء تک

بہمنی بادشاہوں کے جانشینوں میں شاہانِ قطبیہ کو خاص امتیاز حاصل ہے۔ ان کی شہرۂ آفاق دولت و ثروت۔ تعمیر کاری اور علم و ادب کی سرپرستی ہمیشہ یاد رہے گی۔ اردو زبان اور ادب نے بھی ان کے عہد میں غیر معمولی ترقی کی۔ انھوں نے سنہ ۱۵۰۸ء سے سنہ ۱۶۸۷ء تک تقریباً ۱۸۰ سال تک گولکنڈہ اور دکن کے زیادہ تر آندھرا علاقوں پر حکمرانی کی۔ ان کے عہد کے اردو ادب کو تین دوروں میں تقسیم کیا جا سکتا ہے۔

ا۔ ابتدائی کوششیں جو سنہ ۱۵۰۸ء سے ۱۵۸۰ء کے درمیانی ۷۲ سالوں پر مشتمل رہیں

ب۔ عروج کا زمانہ جو سنہ ۱۵۸۰ء سے ۱۶۷۲ء تک جاری رہا۔

ج۔ دورِ انتشار جو ۱۵۸۰ء سے شروع ہو کر ۱۶۸۷ء پر ختم ہوا

۱۔ ابتدائی کوششیں | گولکنڈہ کے پہلے چار بادشاہ
۱۵۰۰ء سے ۱۵۸۰ء تک | سلطان قلی جمشید قلی سبحان قلی
اور ابراہیم قلی زیادہ تر جنگ وجدل اور استحکام سلطنت میں مصروف رہے۔ جمشید فارسی کا اچھا شاعر اور ارباب شعر اور اصحاب علم کا قدردان تھا۔ اس کا فارسی کلام موجود ہے اور کلام الملوک (سلسلہ یوسفیہ) میں شائع ہو چکا ہے۔ جمشید کا چھوٹا بھائی ابراہیم قلی قطب شاہ (سنہ ۱۵۵۰ء تا سنہ ۱۵۸۰ء) اگرچہ خود شاعر نہیں تھا لیکن علم و فضل اور شعر و سخن کا دلدادہ تھا اور دراصل اس کے دور میں گولکنڈہ میں اردو زبان و ادب کا ایک ایسا ماحول پیدا ہو گیا کہ عوام کے علاوہ خود اس کا فرزند محمد قلی عالم شہزادگی ہی سے اردو شاعری کا رسیا ثابت ہوا۔

ابراہیم اپنے والد سلطان قلی کی شہادت اور جمشید کی تخت نشینی کے بعد سے وجیانگر میں سات سال تک پناہ گزیں رہا اور آخر کار وہیں کی اخلاقی تائید سے گولکنڈہ پر قابض ہوا تھا۔ اس لئے اس کے دل میں غیر مسلم رعایا کے لئے خاص جگہ تھی۔ اور مذہب و مسلک کے لحاظ سے بھی اس نے بڑی وسیع النظری سے کام لیا اور اپنے شہر اور محل کو مختلف مذہبوں اور کلچرز کا گلدستہ

بنا رکھا۔ چنانچہ اس کی اولاد بھی مختلف زبانیں بولنے والی اور مختلف مذہبوں کی ماننے والی عورتوں سے تھی۔ اس کے بڑے شہزادہ شاہ عبدالقادر کی ماں بیدر کے ایک مشہور مشائخ خاندان سے تھی۔ شہزادہ محمد قلی اور شہزادہ خدابندہ کی ماں ایک آندھرا خاتون بھاگیہ رتی تھی۔ اور شہزادہ محمد امین کی والدہ ایران کے سادات سے تھی اور شہزادہ حسین بھی ایک شیعہ خاتون کے بطن سے تھا۔ اس نے آندھراؤں۔ حبشیوں۔ دکنی مسلمانوں اور ایرانیوں کو اپنے دربار میں مساوی ترقی کے مواقع دیئے۔ دور دور کے صاحبانِ کمال اس کے پایۂ تخت میں جمع ہوتے تھے۔

وہ ہمیشہ سفر و حضر میں اہل فضل و ہنر کو اپنے ساتھ رکھتا تھا جو اس کی مجلس میں علوم دینی اور مسائل دنیوی پر بحث و مباحثہ کرتے۔ اس نے گولکنڈہ میں ایسے مدرسے قائم کئے جن میں مفت تعلیم کے علاوہ طلبہ کو وظیفے اور انعام بھی دیئے جاتے تھے۔ وہ شاعروں اور عالموں کا اتنا قدردان تھا کہ جب کبھی شاہی باغوں سے میوہ آتا تو اس کا کچھ حصہ ان کے لئے ضرور روانہ کرتا۔ اس نے جمشید کے قائم کئے ہوئے لنگر خانے کی امداد میں بھی کافی اضافہ کر دیا تھا۔ جس کی وجہ سے عالموں اور شاعروں کو زیادہ فراغ حالی

نصیب ہو گئی تھی۔

ابراہیم نے تلنگی شاعری کی بھی بڑی قدر دانی کی اِس کے عہد میں کئی تلنگی شاعر شاہی سرپرستی سے مستفید ہوئے۔ ان میں سے ایک پولی کنتی تیلی گنا نے جو اس کے ایک امیر امین خاں کا متوسل تھا اپنی ایک نظم یاپتی چرتریں پانچ سو سطروں میں اپنی قدردانی کا ذکر لکھا ہے اور کہتا ہے کہ جب میں نظم سنانے کے لئے گیا تو مجھے قریب بیٹھنے کی عزت بخشی گئی میرے جسم پر خوشبوئیں لگائی گئیں۔ ایک نہایت عمدہ کیسری رنگ کا شال میرے کندھوں پر ڈالا گیا اور جواہرات کا ایک ڈبہ مجھے دیا گیا اور پھر نظم سنانے کی فرمایش کی گئی"۔

ان تمام بین قومی اور بین لسانی قدرافزائیوں کا نتیجہ یہ ہوا کہ گولکنڈہ کی فضا اردو کے لئے بہت ہی سازگار بن گئی۔ چنانچہ ابراہیم کے دور میں گولکنڈہ میں جو شاعر اردو شعر و سخن کی صورت گری کر رہے تھے ان میں سے ملا خیالی۔ فیروز۔ اور سید محمود بہت مشہور ہیں۔

ملا خیالی۔ اتنا مشہور اور خوش حال شاعر تھا کہ اس نے سنہ ١٦٦٥ء میں ایک دو منزلہ خوبصورت مسجد قلعہ گولکنڈہ کے

باہر اپنے پر فضا باغ میں بنائی تھی جواب بھی موجود ہے۔ ملا خیالی کا کلام اب تک نہیں ملا لیکن بعد کے اساتذہ سخن ابن نشاطی وغیرہ نے اس کو استاد مانا ہے۔ اور اس کی صاحب کمالی کا ذکر کیا ہے۔

سید محمود کا ذکر بھی بعد کے اردو شاعروں خصوصاً وجہی اور ابن نشاطی نے کیا ہے اور اس کے ذوقِ سخن کی تعریف کی ہے لیکن اس کا کلام بھی اب تک نہیں ملا۔

فیروز۔ اصل میں بیدر کا باشندہ تھا اور اس کا ذکر بہمنی دور کے تحت آچکا ہے اور وہ ان صاحبانِ کمال میں تھا جو مختلف مقامات سے گولکنڈہ آکر ابراہیم قطب شاہ کی قدردانی سے سرفراز ہوئے تھے۔ انہوں نے گولکنڈہ میں جو کلام لکھا اس کا اب تک پتہ نہ چل سکا لیکن وجہی اور ابن نشاطی دونوں اسکے مدح سرا ہیں۔ وجہی لکھتا ہے ؎

که فیروز آ خواب میں رات کوں		دعا دے کے چومے مرے ہاتھ کوں
کہیا ہے توں یو شعر ایسا سرس		کہ پڑھنے کو عالم کرے سب ہوس
توں یوں کر کہ خصلات تو تجھ آئے نا		کہ توں خوش اچھے بور کسے بھائے نا
توں ایسی طرز دں تے پنجا نوی		کہ دوسرے کریں سب تری پیروی

ب۔ عروج کا زمانہ | ابراہیم قطب شاہ کے انتقال کے
سنہ ۱۵۸۰ سے ۱۶۷۲ء تک | وقت گولکنڈہ اردو کا ایک مرکز

بن چکا تھا۔ وجہی۔ احمد اور غواصی اسی کے دور میں پیدا ہوئے اور اردو شعر و سخن کے ذوق سے بہرہ ور ہوئے۔ اس کا فرزند محمد قلی قطب شاہ (۱۵۸۰ تا ۱۶۱۱ء) تو علم و ادب کا پروانہ تھا۔ اس نے فارسی۔ اردو اور تلنگی تینوں زبانوں میں شعر لکھے اس کا اردو کلام پچاس ہزار اشعار پر مشتمل تھا۔ لیکن یہ پورا کلام اب محفوظ نہیں ہے۔ تلنگی کے مجموعہ کا تو پتہ ہی نہ چل سکا البتہ فارسی اور اردو کا کچھ کلام دستیاب ہوچکا ہے۔ چنانچہ کلام الملوک (سلسلۂ یوسفیہ) میں اس کا فارسی کلام چھپا اور راقم الحروف نے اس کا اردو کلیات جو ۱۲۰۰ صفحات پر مشتمل ہے، مرتب کرکے شائع کردیا ہے۔

موجودہ معلومات کے لحاظ سے محمد قلی اردو کا پہلا صاحبِ دیوان شاعر ہے۔ اس کے دیوان میں غزلیں مثنویاں قصیدے۔ مرثیے اور رباعیات غرض جملہ اصناف سخن کے وافر نمونے موجود ہیں۔ اس نے ایسے ایسے موضوعوں پر بھی لکھا ہے جن کی طرف اردو کے شعرا نے سوائے نظیر اکبر آبادی کے

عام طور پر توجہ نہیں کی۔ اس نے اپنے عہد کی عام زندگی۔ رسم و رواج۔ تہواروں اور تقریبوں کی تفصیلات۔ موسموں کی خصوصیات اور کھیل کود غرض چھوٹے سے چھوٹے موضوع اور معمولی سے معمولی واقعات پر کسی اعلیٰ پایہ کی نظمیں لکھی ہیں۔ بادشاہ ہونے کے باوجود وہ صحیح معنوں میں ایک عوامی شاعر تھا۔ اس کی غزلیں سادگی اور لطافت کے اعتبار سے حافظ کی غزلوں سے ملتی جلتی ہیں اس کی قادرالکلامی کا ثبوت اس واقعہ سے ملتا ہے کہ اس نے اُن آلات کو بھی نہایت روانی اور خوبی کے ساتھ بیان کیا ہے جو فارسی میں اس وقت پیش کئے گئے تھے جبکہ اس کا لسانی ارتقا عروج پر پہنچ چکا تھا۔ دکن کی بارش بہت مشہور ہے اور محمد قلی نے برسات کی آمد پر بڑی عمدہ عمدہ نظمیں لکھی ہیں۔ ایک نظم میں لکھتا ہے ؎

پلا ساقی سے ہور خوشی سیتی تاج　　ہوا سبز و خرم ہوا جیسا پاچ
تمن شوق کا مین تھنے مینہ چوپے　　اے باتاں نہیں جھوٹ تم دیکھو ساچ
کہو واکہ جھاڑاں کوں میرا سلام　　تمن آرزو دل ہوا شیشہ کانچ
خوشی شادی سوں بس ہمن بزم میں　　صراحیاں اُپر ساقی پیالاں کوں راچ
جلا دسپند تا نہ لاگے نظر　　دو تن آگ میں تم بکادو کماچ

معانی علی دم تھے خوش ہے ہوا
کہو مطرباں کوں بجاو کماچ

محمد قلی ابتدا میں معانی تخلص کرتا تھا بعد میں قطب شہ اختیار کیا۔ بسنت پر بھی اس نے متعدد قصیدے اور غزلیں لکھی ہیں۔ ایک نظم میں بسنت کھیلنے کا اس طرح ذکر کیا ہے :-

بسنت کھیلیں عشق کی آ پیارا
تمیں ہیں چاند میں ہوں جوں ستارا
نچھل کندن کے تاراں رنگ جھونا
بندی ہوں چھند بند سوں کر سنگارا
بسنت کھیلیں ہمن ہور ساجنا یوں
کہ اسماں رنگ شفق پایا ہے سارا
پیا پگ پر ملا کر لیائی پیاری
بسنت کھیلی ہوا رنگ رنگ سنگارا
نبیؐ صدقے بسنت کھیلیا قطب شہ
رنگیلا ہور رہیا تر لوک سارا

محمد قلی قطب شاہ کے دور کے اردو شعرا میں وجھی[5] سب سے بڑا شاعر اور ادیب تھا۔ اس نے ۱۰۱۸ھ / ۱۶۰۹ء میں

ایک کتاب قطب مشتری لکھی جس میں خود بادشاہ کی بھاگ متی کے ساتھ عشق کی داستان استعارے کے پیرائے میں بیان کی ہے۔ یہ کتاب اپنے دلکش اسلوب اور اعلیٰ تخیل کی وجہ سے قدیم اُردو کی بہترین کتابوں میں سمجھی جاتی ہے۔ اس کے دیباچہ میں وجہی نے اس طرح اپنے کلام کی بڑائی ظاہر کی ہے۔

نہ پہنچے نہ پہنچا ہے گن گیان میں
سو طوطی منجھ ملیا ہندستان میں
کہ باتاں یہ سنکر مری گیان کیاں
دہیاں تھک مو طوطیاں خراسانکیاں
جتے شاعراں شاعر ہو آئیں گے
سو منج تے طرز شعر کا پائیں گے

وجہی کی قطب مشتری کے علاوہ اردو نثر میں دو کتابیں سب رس اور تاج الحقائق جو اب تک دستیاب ہو چکی ہیں سب رس تو بہت بعد کو سلطان عبداللہ قطب شاہ کے عہد میں سنہ ۱۶۳۵ء / ۱۰۴۵ھ میں قلم بند ہوئی۔ قطب مشتری اور سب رس دونوں چھپ چکی ہیں۔ تاج الحقائق راقم الحروف نے مرتب کر کے سلسلۂ یوسفیہ سے چھپوا دی ہے لیکن ابھی شائع نہیں ہوئی

افسوس ہے کہ وجہی کا اردو کلیات اب تک دستیاب نہ ہوا البتہ فارسی دیوان موجود ہے ۔

محمد قلی کے کلیات کی طرح وجہی کی سب رس بھی قدیم اردو کی بہت ہی قابل قدر تصنیف ہے ۔ قطب مشتری کی طرح یہ قصہ بھی استعارے کے پیرایہ میں لکھا گیا اور اردو کی پہلی ادبی نثر سمجھا جاتا ہے ۔

وجہی گولکنڈہ کا پہلا ملک الشعرا تھا اور اس کے زمانہ میں آندھرا دیس میں اتنے ادیب اور شاعر پیدا ہو چکے تھے کہ اس نے اپنے وطن کے متعلق یہ فخریہ شعر لکھے تھے :-

دکھن سا نہیں ٹھار سنسار میں
پنج فاضلاں کا ہے اس ٹھار میں
دکھن ہے نگینہ انگوٹھی ہے جگ
انگوٹھی کوں حرمت نگینہ ہی لگ
دکھن ملک کھن دھن عجب ساج ہے
کہ سب ملک سر ہور دکھن تاج ہے
دکھن ملک بہوتیچ خاصہ اہے
تلنگانہ اس کا خلاصہ اہے

ملا احمدؒ بھی وجہی کا ہم عصر تھا۔ اب تک اس کی صرف دو[۲] کتابیں قصۂ لیلی مجنوں (سنہ ۱۶۰۰ء) اور احوالِ مصیبت اھلِ بیت دست یاب ہو چکی ہیں۔ اس نے سنہ ۱۶۵۰ء سے قبل وفات پائی۔ ابن نشاطی نے پھولبن میں اس کو یاد کیا ہے اور اس کے کلام کی تعریف کی ہے۔ اس کا کلام وجہی کے ہم رنگ ہے۔ مثنوی لیلےٰ مجنوں کا سبب تالیف اس طرح بیان کرتا ہے۔

جو شہ آپ تھے آپ منجھ یاد کر۔
منجے غم کی بندگی تھے آزاد کر

دنے امراعلے کہ یہ باغ لاؤں
جو پاؤں اسے شاد امرت ناؤں

جو میں شاہ کا امر سر پر سینا
ترت باغ لانے شتابی کیتا

بہوتیک پریشانی روزگار
اگرچہ منجے ہے ملامت سوبار

سلطان محمد قطب شاہ (۱۶۱۱ تا ۱۶۲۵ء) جو محمد قلی قطب شاہ کا بھتیجا اور داماد تھا۔ شاعری سے زیادہ

علم و فضل کا دلدادہ تھا۔ کتابیں جمع کرنے، ان کو توجہ سے پڑھنے اور ان پر اپنی رائے اور دستخط ثبت کرنے کا اس کو بڑا شوق تھا۔ خود محمد قلی قطب شاہ کا کلیات بھی اسی نے جمع اور مرتب کیا تھا اور اس پر اردو میں ایک طویل منظوم دیباچہ لکھا تھا جس میں محمد قلی قطب شاہ کی طبیعت اور سخن طرازی کی خصوصیات تفصیل سے بیان کی تھیں۔ وہ ظل اللہ تخلص کرتا تھا۔ اس نے اپنے دیباچہ کے آخر میں محمد قلی کی اس خوبی پر زور دیا ہے کہ وہ دوسرے شاعروں کی طرح خود ستائی نہیں کرتے تھے اور ہر مقطع میں حضرت علی کا نام ضرور لاتے تھے۔ کہتا ہے ؎

رہیا جائے نا شاعراں من منیں
بنا کیئے صفت شعر کے فن منیں
جو خاصہ ہے یو شاعراں کا ہر ایک
نہ رین بن کہے وصف بتیاں کتیک
گر شاہ کہے بیت پچاس ہزار
دھرے وصف الہ پس سوں کہن بہت عار
دنا شعر کہہ بیت میں ایک بات
کہیں نیں لکھے آپنے وصف سات

جو مقطع میں ہر ایک اپس شعر کے
لئے بن سو حضرت علی ناؤں اپے
نہ کرتے تھے ہرگز سو ختم کلام
بغیر اُن علی کا لئے باج نام

محمد قطب شاہ کے اُردو اور فارسی کلام کے نمونے شائع ہو چکے ہیں لیکن اس کا اُردو کلیات ابھی تک دستیاب نہیں ہوا۔

سلطان محمد کے دَور کے اُردو شاعروں میں غواصی[18] بہت مشہور رہے۔ وہ اگرچہ محمد قلی کے دَور ہی سے اپنا ایک علیحدہ دبستان سخن بنا چکا تھا مگر وجہی کی ملک الشعرائی کے آگے اس کا چراغ جل نہ سکا۔ اس کے کلیات میں بعض غزلیں محمد قلی کی غزلوں کی زمینوں میں ہیں اور ایک آدھ غزل تو دونوں کے دیوان میں بہ تبدیل تخلص موجود ہے۔ یہ کلیات ابھی غیر مطبوعہ ہے ایک مثنوی چندا اور لورک بھی اسی دور میں لکھی تھی جو ابھی چھپی نہیں۔

غواصی کی مشہور مثنوی سیف الملوک و بدیع الجمال (سنہ ۱۶۲۴ء) سلطان محمد قطب شاہی کے آخر عہد میں لکھی گئی تھی مگر ان کا انتقال ہو جانے پر اس کے کمسن جانشین

سلطان عبداللہ قطب شاہ کے نام غواصی نے معنون کردی - چنانچہ اس کے دیباچہ میں جہاں بادشاہِ وقت کی مدح لکھی ہے اس میں پہلے اس نے سلطان محمد کا نام اس طرح لکھا تھا ؎

سو سلطان محمد قطب شاہ گنبھیر
جگ آدھار ہے ہور جگ دستگیر

لیکن جب اس بادشاہ کا اچانک مختصر سی بیماری کے بعد انتقال ہوگیا تو غواصی نے اس شعر کو بدل دیا اور باقی شعر وہی رہنے دئے جو یہ ہیں ؎

جو سلطان عبداللہ آفاق گیر
سلکھن شہنشاہ گردوں سریر
چندا چودھواں خسروی برج کا
اُو لک رتن حسن کے درج کا
سگل بادشاہاں میں اس کا ہے ناؤں
اسی قطب کا قطب تارا ہی جھاؤں

غواصی کی تیسری مثنوی طوطی نامہ عبداللہ قطب شاہ کے عہد میں سنہ ۱۰۴۹ھ میں لکھی گئی۔ یہ غالباً اس کی آخری طویل نظم تھی۔ اس وقت تک وہ مذہب و تصوف کی طرف

مائل ہو چکا تھا اور چند سال بعد ہی انتقال کر گیا۔ مشہور فارسی مثنوی کا اس نے طوطی نامہ میں ترجمہ کیا تھا جو بہت مشہور ہوا غواصی اصل میں قصیدہ گو شاعر تھا اور گولکنڈہ کے کسی اور شاعر کے اس پایہ کے قصیدے موجود نہیں ہیں۔ عبداللہ قطب شاہ نے اس کی بڑی قدر و منزلت کی اور سنہ ۱۶۳۴ء میں اس کو سفیر بنا کر بیجاپور روانہ کیا تھا جہاں کے دربار اور شاعروں میں اس کی خاطر خواہ قدر و منزلت کی گئی تھی اور وہ کثیر انعام و اکرام حاصل کر کے گولکنڈہ واپس ہوا۔

حسن شوقی۔ اسی دور میں سلطان محمد قطب شاہ کی علم دوستی کا شہرہ سنکر حیدرآباد آیا تھا۔ اس کا ذکر بیجاپور کے شاعروں میں گزر چکا ہے لیکن وہ گولکنڈہ میں بھی بہت مقبول رہا اور یہاں کے شاعروں میں اپنا رنگ جماتا رہا۔ اور غالباً محمد قطب شاہ کی تعریف میں قصیدے اور اس کی فرمائش پر کوئی مثنوی بھی لکھی۔ لیکن یہ اب ناپید ہیں۔ اس نے سنہ ۱۶۵۵ء / ۱۰۶۶ھ سے پہلے انتقال کیا۔ کیونکہ اس سال جب ابن نشاطی نے پھول بن لکھی تو اس میں جہاں دوسرے مشہور شاعروں کا ذکر کیا ہے اس کا بھی نام لیا ہے اور متوقع ہے کہ اگر حسن شوقی زندہ ہوتا تو میرے کلام

کی بہت داد دیتا۔

سلطان محمد کی وفات کے بعد جب اس کا کمسن شہزادہ عبداللہ حیدرآباد کا بادشاہ بنا (۱۶۲۵ تا ۱۶۷۲ء) تو قطب شاہی دربار میں علم و فضل کے مقابلہ میں پھر سے اردو شاعری کو ترجیح حاصل ہو گئی اور عہد محمد قلی کے شاعروں کی بن آئی۔ وجہی اور غواصی جیسے اساتذۂ سخن جو محمد قلی کی وفات کے بعد سے دلگیر ہو کر خانہ نشین سے ہو گئے تھے پھر دربار میں بلائے گئے اور شاہی انعام و اکرام سے بہرہ ور ہونے لگے۔ چنانچہ وجہی نے اپنی باریابی کا ذکر سب رس کے دیباچہ میں اس طرح کیا ہے:-

"صباح کے وقت۔ بیٹھے تخت۔ یکایک غیب تے کچھ رمز پاکر۔ دل میں اپنے کچھ لیا کر۔ وجہی نادر فن کوں۔ دریا دل گوہر سخن کوں۔ حضور بلائے پان دینے۔ بہت مان دنے۔ ہور فرمانے کہ انسان کے وجود میں کچھ عشق کا بیان کرنا۔ اپنا ناؤں عیاں کرنا کچھ نشان دھرنا۔ وجہی بھو گنی گن بھریا۔ تسلیم کر کر سر پر ہاتھ دھریا"

وجہی کی طرح غواصی بھی سلطان عبداللہ کی قدر دانی شعر و سخن سے اتنا موثر ہوا کہ اپنی مثنوی طوطی نامہ میں اس واقعہ کا اظہار کئے بغیر نہ رہ سکا۔ اس کے شعر ہیں:-

کہیں یوں بجتی علی دلی — کہ پھر جگ میں آیا محمد قلی
ڈوبے تھے ہنرمند سو پھیر کر — نکل آئے تجھ دور میں تیر کر
دیا جیو پھر راگ ہور رنگ کوں — کیا دور سینیاں پو کے زنگ کوں

عبداللہ قطب شاہ کے عہد میں حیدرآباد میں جتنے بلند پایہ شاعر اور ادیب جمع تھے اور جیسی اعلیٰ درجہ کی کتابیں اردو نظم و نثر میں لکھی گئیں اور علم و فضل اور شعر و سخن کی جس طرح قدر و منزلت کی گئی اُس پر بجائے خود ایک علیحدہ کتاب لکھی جاسکتی ہے۔

خود سلطان عبداللہ قطب شاہ اردو اور فارسی کا ایک اچھا شاعر اور ماہر موسیقی تھا اور اس کے نانا محمد قلی کے کلیات کی طرح اس کا اردو دیوان بھی موجود ہے اور سلسلۂ یوسفیہ میں چھپ چکا ہے۔ اس نے بھی محمد قلی کی طرح مختلف موضوعوں پر لکھا ہے۔ لیکن اس کے کلام میں اتنی گہرائی اور وسعت نہیں ہے۔ البتہ زبان زیادہ صاف ہوگئی ہے۔ اس نے بسنت اور نوروز پر کئی غزلیں لکھی ہیں جن میں سے ایک یہ ہے ؎

بسنت آیا پھلیا پھول لالہ
سکھی لیا اب صراحی ہور پیالہ

چمن میانے پھلیا ہے پھول رنگ رنگ
نپٹ نازک ایکس تے ایک آلا
لڑاں جھاڑاں کی پڑاں میانے بھرتیاں
جھڑی پکڑے ہیں پانی کا جوالا
ہوا مدپینے کا آیا ہے پیارے
تو مدپینے کو من کرتا اُلالا

عبداللہ قطب شاہ نے ابراہیم عادل شاہ کے نورس نامے کے جواب میں اس موضوع پر ایک طویل منظوم کتاب بھی اردو میں لکھی تھی جو ایک خانگی کتب خانہ میں موجود ہے۔

عبداللہ قطب شاہ کے دو اور درباری شاعر ملک خوشنود اور جنیدی بھی قابلِ ذکر ہیں۔ ملک خوشنود[11] کی ابتدائی زندگی قطب شاہی دربار میں گزری تھی۔ لیکن بعد کو سلطان عبداللہ کی بہن خدیجہ سلطان شہر بانو بیگم کے جہیز میں وہ بطورِ غلام بیجاپور روانہ کر دیا گیا تھا لیکن حیدرآباد کے اس غلام نے عادل شاہی دربار میں آہستہ آہستہ بحیثیت شاعر جو جگہ حاصل کر لی اس کا ذکر بیجاپوری اردو ادب میں گزر چکا ہے۔

جنیدی[12] کا نام علی اکبر تھا اور عبداللہ قطب شاہ نے ۲ ۳ ۶ ۱ ۶۱ ۴۰ ۱ھ

میں اس کو سرِ نوبت کے عہدے پر سرفراز کیا تھا۔ معلوم ہوتا ہے کہ بعد کو جنیدی نے ملازمت ترک کر دی تھی اور برہان پور میں مقیم ہو گیا تھا۔ اس نے سنہ ۱۶۵۴ء میں مثنوی ماہِ پیکر لکھی تھی۔

اس عہد کے دوسرے شعرائے اردو میں ابنِ نشاطی[۱۳] بہت بڑا فن کار گزرا ہے جس نے سنہ ۱۶۵۵ء میں اپنی مشہور مثنوی پھول بن لکھی جس میں نہایت سادگی اور پرکاری کیساتھ اکثر و بیشتر صنعتوں کو استعمال کیا ہے۔

ابنِ نشاطی دراصل ایک صاحب ذوق انشاء پرداز تھا اور شاعری اور سخن گستری اس کا پیشہ نہیں تھا۔ وجہی یا غواصی کے برعکس اس کو شاہی دربار سے کوئی تعلق بھی نہیں تھا۔ ایسا معلوم ہوتا ہے کہ وہ پہلا عوامی شاعر تھا۔ اور دربار سے زیادہ عوام ہی میں اس کو شہرت نصیب ہوئی۔ چنانچہ وہ کہتا ہے ؎

حضوریاں میں مرا گر سلک اچھتا
گہر ریزاس تے میرا کلک اچھتا
فراغت اس تے گر ٹک منج کوں ہوتا
لے موتیاں خوب میں اس تے پروتا

بڑیاں کے نادا چھتا تو بڑا پن
مسیحا کا دکھاتا بات میں فن

زمانہ نا سمج کر قدر میرا
بچھایا ہے دلی سوں صدر میرا

ابن نشاطی نے اپنے عنفوان شباب میں اپنی مثنوی پھولبن لکھی تھی اور اس میں اپنے ہم عصروں یا پیش رو اساتذۂ سخن کی طرح اس نے کوئی شیخی یا تعلی نہیں کی ہے بلکہ جگہ جگہ عجز و انکسار سے کام لیا ہے۔ وہ اپنے حریفوں پر چوٹ چلنے کے بجائے اپنے پیش رو اساتذہ سخن کے موجود نہ ہونے پر اس لئے اظہار افسوس کرتا ہے کہ اگر وہ اس تصنیف کو دیکھتے تو اسکی سچی قدر کرتے۔

نہیں وہ کیا کروں نیر ذر استاد
کہ دیتا شاعری کا کچھ مری داد

لہے صد حیف جو نیں سید محمود
کتے پانی کوں پانی دود کوں دود

نہیں اس وقت پر وہ شیخ احمد
سخن کا دیکھتے باندھیا سو میں سد

حسن شوقی اگر ہوتا تو الحال
ہزاراں بھیجتا رحمت منج اپراں
اچھتے تو دیکھتا مُلّا خیالی
یو میں برتیا ہوں سو صاحب کمالی

واقعہ یہ ہے کہ ابن نشاطی حیدرآباد کے ادب اور سخن گستری کے اس دور کا ایسا صاحب کمال تھا جس نے شاعروں اور ادیبوں کو درباری اور سرکاری قدردانی سے بے نیاز ہو کر شعر و سخن میں مصروف رہنے کا راستہ سمجھا دیا۔ چنانچہ اسکے بعد کئی ایسے شاعروں اور ادیبوں کے نام ملتے ہیں جنکی تصنیف و تالیف کا شاہی سرپرستی سے کوئی تعلق ظاہر نہیں ہوتا۔ ان میں سید بلاقی شاہ راجو۔ میراں جی خدانما۔ فاروقی۔ اور میراں یعقوب کے کارنامے اب تک مشہور ہیں جو عہد عبداللہ قطب شاہ کا تحفہ ہیں۔

اسی دور کا ایک شاعر قطبی[۱۴] بھی تھا جس نے شیخ یوسف دہلوی کی کتاب تحفۃ النصائح کا اردو ترجمہ سنہ ۱۰۴۵ میں کیا تھا۔ یہ ۵۰۰ اشعر کی ایک مذہبی نظم ہے اور ابھی تک نہیں چھپی۔

سلطان[۱۵] اس دور کے ایک صوفی تھے جنکا کلیات اُردو موجود ہے لیکن یہ سارا کلام تصوف و عرفان کے مسائل اور تخیل

سے معمور ہے۔

سید بلاقی[۱۶] عبداللہ قطب شاہ کے مقربین سے تھے۔ انکی ایک مذہبی مثنوی معراج نامہ ۱۰۶۶ھ (۱۵۰۰ ابیات) لکھی جو چھپ چکی ہے۔ یہ اصل میں کسی فارسی معراج نامہ کا ترجمہ ہے۔

شاہ راجو[۱۷] اس عہد کے ایک با اثر مرشد اور صوفی تھے۔ ان کو تصوف و عرفان کے ساتھ ساتھ سیاست میں بھی دخل تھا۔ اور شعر و شاعری میں بھی ان کی مختلف نظمیں اور مرثیے بیاضوں میں ملتے ہیں۔ اس عہد کے خواص و عوام کی طرح بعض شاعر بھی ان کے مرید و معتقد تھے۔ جن میں طبعی اور عابد قابل ذکر ہیں۔

عابد[۱۸] نے تصوف و عرفان کے موضوعوں پر مختلف نظمیں لکھی تھیں۔ ان کو شاہ راجو نے عابد شاہ کا لقب عطا کیا تھا۔ انہوں نے اپنی ایک مثنوی گلزار السالکین کے دیباچہ میں اپنے مرشد کا اس طرح ذکر کیا ہے:-

مرا پیر محمد تن کوں تبلا دیا
اسی تن میں احمد کوں دکھلا دیا
اسی نور کوں لے پھرا تن منے
تو پایا خدا تن کے گلشن منے

الٰہی بحق شفیع الامم
تو رکھ شاہ راجو پہ اپنا کرم

الٰہی بحقِ وصی مصطفےٰ
تو رکھ تندرست انکے تئیں تا بقا

الٰہی بحقِ حسین و حسن
تو رکھ انکو آفات سے نت جتن

اس مثنوی کے علاوہ عابد شاہ نے خواجہ بندہ نواز کی فارسی کتاب معالجات بندہ نواز کا اردو نثر میں ترجمہ کیا تھا۔ اس کا ایک نسخہ ادارۂ ادبیات اُردو کے کتب خانے میں موجود ہے۔

شاہ راجو کی طرح اس زمانہ میں ایک اور صوفی شاعر میراں جی حسن خداوند خدا نما بھی حیدرآباد میں تصوف اور شعر و ادب کے رسیا گزرے ہیں۔ ان دونوں میں فرق اتنا تھا کہ شاہ راجو دین کے ساتھ دنیا کو بھی سنبھالے ہوئے تھے اور میراں جی خدا نما دنیا کو چھوڑ کر یعنی عبداللہ قطب شاہ کی ملازمت ترک کر کے دین کی طرف راغب ہوئے تھے۔ انھوں نے کئی اُردو رسالے اور نظمیں لکھیں۔ رسالہ وجودیہ۔ شرح تمہیدات عین القضات اور شرح مرغوب القلوب اُن کی وہ اردو نثر کی کتابیں ہیں جو اب تک

محفوظ ہیں ۔ عورتوں کو چکی پیستے وقت گانے کے لئے انھوں نے ایک چکی نامہ بھی لکھ دیا تھا جو بہت مقبول ہوا اور حیدر آباد کے بعض گھرانوں کی عورتیں اب تک اسی کو گاتی ہیں ۔ اس کا ایک بند یہ ہے ؎

اول اللہ ناؤں صفت جس کا ٹھاؤں
یاد ہی میرے جی میں ہر دم تیرا ناؤں
لا الہ کہنا الا اللہ میں رہنا
نبی رسول سے من لانا اللہ اللہ کہنا
اللہ آپی گنج خفی ظاہر ہونے آیا
نبی صاحب کے برقعے میں آپس کوں دکھلایا
لا الہ کہنا الا اللہ میں رہنا
نبی رسول سے من لانا اللہ اللہ کہنا

انہی خداوند خدانما کے ایک شاعر مرید شاہ فاروقی نے چکی نامے کی طرز پر ایک اور نظم عورتوں کے لئے لکھی تھی جو غالباً حلوے کے وقت یا کسی اور تقریب میں گائی جاتی تھی ۔ اس میں انھوں نے اپنے پیر کا ذکر اس طرح کیا ہے ۔

خداوند شاہ ویں قدرت بنا ہم میں نذرت　　پیر ملے رسول حضرت دیکھ سلطان سبحان

ہمیں ناؤں پر ہیں قربان

فکر کر فاروقی لیائے سب گنیاں پائے شاہ کا جلوہ دل لگائے دیکھو سلطان سبحان

ہمیں ناؤں پر ہیں قربان

میراں جی خدا نما کے ایک اور مرید میراں[۲۱] یعقوب بھی اُردو کے بہت اچھے ادیب تھے۔ انھوں نے سنہ ۱۰۶۷ھ/۱۶۵۶ء میں برہان الدین اولیاء اورنگ آبادی کی کتاب شمائل الاتقیاء کا اردو نثر میں ترجمہ کیا تھا۔ یہ ایک ضخیم کتاب ہے۔ انھوں نے اس میں اپنے مرشد کا ذکر اس طرح کیا ہے اس سے اسکے سلوب کا اندازہ ہوسکے گا۔

موحداں کے پیشوا۔ مریداں کے دستگیر۔ طالباں کے رہنما۔ بوجھنہارے علم لدنی کے۔ سوجھنہارے حقیقتاں دین و دنیا کے۔ پیر پیراں سید میراں چشتی قدس اللہ سرہٗ کنجد متیں پایا۔ ہور باطن کے عالم تھے ظاہر کے عالم میں لیایا۔ ہمیشہ ان کی عنایت کی نظر سوں پرورش پاتا تھا ہور دن دن اس شعور ہور اس ہوش میں آتا تھا۔ جب بلوغت میں آکر دست بیعت نعمت پایا۔ تب ارشاد و تلقین کی لذت سوں اگتایا۔ شریعت طریقت

کے وضع وضع کے مزے چکھانے ہور معرفت وحقیقت
کے جنس جنس کے تماشے دکھلانے "۔

میراں جی اور شاہ راجو دونوں قطب شاہی حیدرآباد کے دور آخر کی بہت بڑی شخصیتیں تھیں۔ ان دونوں کے عالیشان گنبد اب تک حیدرآباد میں موجود ہیں۔

ج۔ دَورِ انتشار { عبداللہ قطب شاہ کے آخری زمانہ میں اورنگ زیب کے حملہ گیو بہ سے ۱۶۷۲ سے ۱۶۸۷ء } قطب شاہی سلطنت میں انتشار پیدا ہو چکا تھا۔ اورنگ زیب سے سنہ ۱۶۶۶ء میں جو صلح ہوئی وہ صلح نہ تھی بلکہ قطب شاہی سلطنت کے خاتمہ کا اعلان تھا۔ چنانچہ اس تاریخ سے عبداللہ نے اپنی ایک نئی مہر "ختم بالخیر والسعادۃ" بنا لی تھی جس کا مطلب یہ تھا کہ سلطنت کا خاتمہ خیر و خوبی سے ہو گیا۔ اورنگزیب کا سفیر ہر معاملہ میں دخل دیا کرتا اور قطب شاہیوں کی آزادی اور سربلندی اور وہاں کے شاعروں اور ادیبوں کی جودت و بے باکی ختم ہو گئی اور وہ زیادہ تر مذہبی تصنیف و تالیف اور مرثیہ نگاری کی طرف مائل ہو گئے۔

ایک ایسے ذہنی انتشار کے دور میں عبداللہ کا انتقال ہوا اور اسکے داماد ابوالحسن نے

جرأت کر کے تخت پر قبضہ کر لیا۔ ابوالحسن بھی شاہ راجو کا ایک مرید تھا جس کو انھوں نے حسبِ عادت تمام مریدوں کی طرح خطاب تاناشاہ اس وقت عطا کیا تھا جب کہ وہ پریشان حال اور غریب تھا۔ اور ان کی خدمت گزاری میں مصروف۔ یہ خطاب اتنا مشہور اور مقبول ہوا کہ جب ۱۶۷۲ء ۱۰۸۳ھ میں ابوالحسن اپنے خسر عبداللہ قطب شاہ کی وفات پر قسمت کی یاوری سے ابوالحسن قطب شاہ کے لقب سے حیدرآباد کا بادشاہ بنا اور پندرہ سال تک بڑے تزک و احتشام کے ساتھ بادشاہ رہا تو اہلِ حیدرآباد نے اس کو تاناشاہی کے نام سے یاد کیا۔ اور آج بھی یہ نام اُردو زبان میں ضدّی اور عیاش اور نازک دماغ اور ظالم غرض مختلف معنوں میں استعمال ہوتا ہے اور ابوالحسن کی یاد خواہ بُری طرح ہی سے کیوں نہ ہو تازہ کرتا رہتا ہے۔ یہ بدقسمت اور بدنام ابوالحسن دراصل اس پروپگنڈہ کا شکار ہے جو اس کی سلطنت چھیننے کے لئے اس کے مخالفوں نے پھیلا رکھا تھا۔ جہاں تک علم و ادب اور شعر و سخن کا تعلق ہے وہ اپنے پیش رو بادشاہوں سے کسی طرح پیچھے نہیں تھا اور جس طرح سلطان عبداللہ نے ملا عبدالحکیم کی تاریخ قطب شاہی کا تکملہ حدیقۃ السلاطین ملا نظام الدین احمد سے لکھوایا تھا ابوالحسن نے

موخر الذکر کا تکملہ حدائق السلاطین علی ابن طیفور بسطامی سے لکھوایا۔ اس تاریخ کے دیباچہ میں علی ابن طیفور نے ابوالحسن کے عمدہ عادات وخصائل تفصیل سے بیان کئے ہیں۔

تانا شاہ نے علی ابن طیفور کے علاوہ متعدد فارسی اور اُردو ادیبوں اور شاعروں کی سرپرستی کی اور خود وہ اردو کا بہت اچھا شاعر تھا۔ اگرچہ انتزاع سلطنت کی وجہ سے اس کا دیوان محفوظ نہ رہا تاہم تذکروں میں اس کے اشعار محفوظ رہ گئے۔ اسکی ایک غزل اور نظم درج ذیل ہے جس سے معلوم ہوگا کہ اس نے یہاں زبان کی روانی کے علاوہ تخیل کی رعنائی بھی موجود ہے۔

اے سرو گلبدن تو ذرا ٹک چمن میں آ
جیوں گل شگفتہ ہو کو مری انجمن میں آ
کب لگ رہے گا جیوں لبِ تصویر بے سخن
اے شوخِ خود پسند توں ٹک بھی سخن میں آ
چاہتا ہوں وصف قد میں کروں نکر شعر کی
اے معنیٔ بلند شتابی سوں من میں آ
اے جان بوالحسن توں اچھے خوش لٹک ستے
بندِ قبا کوں کھول کے صحنِ چمن میں آ

نظم :-

تجھ مکھ کوں کوئی چندر کہتے کوئی سورتیں انور کہتے
کوئی حسن کا بندر کہتے کوئی کچھ کہتے کوئی کچھ کہتے
تو جھ لب کوں کوئی شکر کہتے کوئی شہد سوں برتر کہتے
کوئی خضر جاں پرور کہتے کوئی کچھ کہتے کوئی کچھ کہتے
کوئی جیو کی پیاری کہتے کوئی سوں اچھن ناری کہتے
نیاریاں میں کوئی نیاری کہتے کوئی کچھ کہتے کوئی کچھ کہتے
تجھ چک کوں کوئی کنجن کہتے کوئی ساحر پرفن کہتے
کوئی حقۂ انجن کہتے کوئی کچھ کہتے کوئی کچھ کہتے
جوبن کوں تجھ کوئی گج کہتے یا دو سیناں سج کہتے
یا مدبھرے پنج کہتے کوئی کچھ کہتے کوئی کچھ کہتے

ابوالحسن تاناشاہ کا ایک پیر بھائی طبعیؔ[۲۳] بھی اس دور کا ایک اعلیٰ پایہ کا شاعر تھا۔ اس نے سنہ ۱۶۷۰ء/۱۰۸۱ھ میں ایک کتاب بہرام و گل اندام لکھی تھی۔ اس وقت ابوالحسن بادشاہ نہیں ہوا تھا البتہ بادشاہ وقت کا چہیتا داماد تھا۔ معلوم ہوتا ہے کہ اس نظم میں ابوالحسن کے بادشاہ بننے کے بعد طبعی نے ابوالحسن کی مدح

کے اشعار اضافہ کیے تھے۔ اس کے دیباچہ میں اپنے اور بادشاہ کے مرشد شاہ راجو کی تعریف میں متعدد بیتیں لکھی ہیں۔ یہاں اس "مدح شاہ راجو" کی چند ابیات درج کی جاتی ہیں جن سے معلوم ہوگا کہ طبعی ابن نشاطی کے بعد حیدرآباد کا سب سے بڑا استاد سخن گزرا ہے اور اس نے ابن نشاطی کے نقش قدم پر چل کر بادشاہ کے دربار سے کوئی تعلق نہیں رکھا حالانکہ وہ اس کا پیر بھائی بھی تھا اور آسانی سے ملک الشعرا بن سکتا تھا۔

دلی توں بڑا ہے گکر شاہ راجو
چل آیا ہے شہ تیرے گھر شاہ راجو
خبر تیری معلوم نئیں بے خبر کوں
خبردار جانے خبر شاہ راجو
توں مخدوم سید محمد کی کھن کا
بہوت بے بدل ہر گہر شاہ راجو
کرامت ہوا سب کوں معلوم ظاہر
توں باطن میں کر یک نظر شاہ راجو
دکن کا کیا بادشاہ بوالحسن کوں
بڑا تخت دے کر چھتر شاہ راجو

ترے عشق کا چوٹ کھایا سو چڑھ کر
اترتا نہیں ہے اثر شاہ راجو
قدم تیرے پکڑیاں ہوں اُمید لیکر
مرے بخت تیری نظر شاہ راجو
خدایا اس آچاہت کرتا ہے طبعی
دُعا تج کوں شام وسحر شاہ راجو

طبعی کی یہ مثنوی دکھنی اُردو کے بہترین کارناموں میں سے ہے۔ زبان کی سلاست اور شاعرانہ نزاکتوں میں طبعی اپنے پیش رو اساتذہ: وجہی۔ غواصی اور ابن نشاطی تینوں پر بھی سبقت لے گیا ہے وجہی کا اس وقت تک انتقال ہو چکا تھا اور جب طبعی اپنی یہ مثنوی لکھ رہا تھا تو وجہی ایک رات اس کے خواب میں آیا اور پوری مثنوی سُنکر کہا نئی بات پیدا کی ہے۔ طبعی کہتا ہے ؎

لگیا میں جو یو مثنوی بولنے	یو موتیاں نچھل ڈھال تیوں رولنے
یو وجہی مرے خواب میں آئے کر	مگھ اپنا سورج نادو دکھلانے کر
ہرا سر سُنیا جو مری مثنوی	کہیا بات طبعی ہے تیری نوی
ہو خوش حال سنکر یو باتاں مرے	الپس کے لے ہاتاں میں ہاتاں مرے
مجھے پیار سوں اپنا دے یو مثال	سنیا سو پڑیا خواب میں اچھل

یعنی وجہی نے طبعی کو اپنا مثل یا ثانی وجہی کہا جو واقعہ یہ ہے کہ بالکل صحیح ہے۔ کیونکہ جہاں ابن نشاطی اپنی خصوصیات کے لحاظ سے دبستان غواصی کا پیرو اور جانشین تھا۔ طبعی صحیح معنوں میں جانشین وجہی سمجھا جاسکتا ہے۔

طبعی اور ابوالحسن تانا شاہ کے دوسرے حیدرآبادی ہمعصروں میں آمین۔ خواص۔ سیوک اور افضل کی کتابیں مذہبی موضوعوں پر لکھی گئی تھیں اور اس وقت موجود ہیں۔ سنہ ۱۶۷۹ء/۱۰۹۰ھ میں امین[۲۴] نے قصۂ ابوشحمہ اور خواص[۲۵] نے قصۂ حسینی منظوم کیا تھا۔ سیوک[۲۶] کا جنگ نامہ محمد حنیف سنہ ۱۶۸۱ء/۱۰۹۲ھ میں لکھا گیا اور شاہ[۲۷] افضل قادری نے محی الدین نامہ ۱۶۸۷ء/۱۰۹۹ھ میں یعنی اسی سال لکھا جس سال کہ اورنگ زیب نے حیدرآباد کو فتح کرکے مغلیہ سلطنت میں شامل کرلیا تھا۔ یہ سب کتابیں ادبی اعتبار سے طبعی اور ابن نشاطی کے کارناموں کے معیار کو نہیں پہنچتیں۔ البتہ افضل قادری اس دور کا ایک ایسا بوڑھا شاعر تھا جو دبستان وجہی سے تعلق رکھتا تھا۔ اس نے سلطان عبداللہ کی تعریف میں قصیدے بھی لکھے تھے۔ وہ خود کو غالباً غواصی کا مدمقابل سمجھتا تھا۔ اس کے ایک قصیدے کے چند شعر یہ ہیں :—

مرا مکھ بھاگ لوچن لب تے پایا ہے موہن سندر
جلا سورج گلا چندر ستارہ جوت رنگ عنبر
نین گھایل ہے دل زخمی سو تن مجروح سینہ ریش
یو قد برچھا فرنگ سو کا پلک کچھوا بھنواں خنجر
سکی املی حیت سلطان عبداللہ غازی سوں
کہ جگ آدھار جگ سنگار جگ جھلکار جگ پرور
مہا دانی مہا گیانی مہا چاتر مہا جانی
بلند طالع بلند دانش بلند ہمت بلند اختر
دلیری ہور شجاعت کے لیے تعریف لکھنے کے
ملک کاتب فلک کاغذ قلم کہکشں بدل مسطر
تجھ ایسے شاہ کوں ہونا سو زیبی سار کا شاعر
نپٹ عاقل نپٹ کامل نپٹ گیانی نپٹ گنبھر
خدا ہور مصطفےٰ ہور مرتضےٰ ہور کل ولی رکھنے
ترے کوٹاں ترے شہراں ترے قلعے ترے کشور
دکھن میں شعر تھا فضل ولے ایسا نہ تھا حقا
نیتا نرم دیتا گرم دیتا شیریں نیتا دلبر

اسی دور میں ایک شاعر محبؔ[۲۵] نے ایک مثنوی معجزۂ فاطمہ

لکھی جو سنہ ۱۶۷۷ء میں تکمیل کو پہنچی۔ اس شاعر نے بھی اپنی مثنوی کے آغاز میں اپنے بادشاہ ابوالحسن قطب شاہ کی ایک ایسی مدح لکھی ہے جو اب تک کی پھیلائی ہوئی افواہوں کی تردید کرتی ہے کہ ابوالحسن تانا شاہ ایک عیاش اور نا اہل بادشاہ تھا۔ معلوم ہوتا ہے کہ اس دور میں یہ افواہ خود حیدرآباد تک پہنچ چکی تھی۔ چنانچہ اس شاعر نے دشمنوں کی مخالفت کا بھی ذکر کیا ہے۔ یہ مثنوی ابوالحسن کی تخت نشینی کے پانچویں سال لکھی گئی تھی۔ چونکہ یہ مثنوی ابھی چھپی نہیں ہے اس لئے اس کے چند شعر بطور نمونہ درج ذیل ہیں۔

کہ اے نامور قطب شاہ بوالحسن　　　عطا تجھ کئے ہے سیر تخت دکن

توں پیتے ستی یاد حق کا شراب　　　دندے کا ہے دل جل کے اگ پر کباب

تجھے سیر کا حق تے سایہ اہے　　　تو ہر کام میں فتح پایا اہے

تو ہے عدل میں آج نوشیرواں　　　سکیں عدل تج نے سگل خسرواں

سخاوت میں دیکھوں تو اے شہ تجے　　　توں حاتم تے افضل ہو دستا مجے

جو کوئی دند تج سوں کریں اختیار　　　تو وہ جوں ہے افراسیاب اسکول مار

لیوے سر لوچن تیرے فرمان کوں　　　نوازے اُسے توں ہی بھومان سوں

سپاہی پیارے ترے نام دار　　　کریں رج سوں ہر ایک کا رہزار

تو کیوں نا ہولے زیر تیر غنیم　　　جو اس دھات اچھے تیرے لشکر نے سیم

محمد حسینی دئے تج کوں راج
مبارک اچھو تج کوں یو تخت و تاج

اسی سلسلہ کی ایک اور کتاب غلام علی خاں لطیف[۳۹] قزلباش کا ظفرنامۂ محمد حنیف ہے۔ یہ شاعر دراصل سپاہی پیشہ تھا اور غالباً عبداللہ قطب شاہ کے دربار سے تعلق رکھتا تھا اور اب بوڑھا ہوکر خانہ نشین ہوچکا تھا۔ اسی بیکاری کے زمانہ میں زوالِ سلطنت قطب شاہی سے صرف تین سال پیشتر سنہ ۱۶۸۴ء / ۱۰۹۵ھ میں ایک بے مزہ سی مثنوی لکھی تھی جس میں اس دورِ انتشار کے اثرات واضح طور پر نمایاں ہیں۔ لطیف نے اس مثنوی میں اپنے خیالات اور سنہ تصنیف وغیرہ جس طرح درج کئے ہیں وہ ان چند اشعار سے ظاہر ہوں گے اور ان سے یہ بھی معلوم ہوگا کہ وہ کوئی اعلیٰ درجہ کا شاعر نہیں تھا۔

کہ فی الجملہ کر بولتا ہوں عیاں
مرتب کیا ہوں کہاں سوں بیاں
تھا جب دورِ سلطان شہ بوالحسن
شہر حیدرآباد اُن کا وطن
کیا جب سفرنامہ کا میں بیاں

مرتب کیئے لگ سونا چپ رہنا

سنہ یک ھزار و نو و پانچ پر

بنا کر مرتب کیا یو اچھر

قزلباش قرہ بیسلو آزاد ہوں

ولے زادۂ حیدرآباد ہوں

ہوں سلطان عبداللہ کے دور کا

شجاع ہور سخا ہوں بڑے طور کا

غلام علی اس عہد کا ایک اور شاعر تھا جس نے فارسی سے ترجمہ کرنے کے عام رواج کو چھوڑ کر ملک محمد جائسی کی ہندی نظم پدماوت کا سنہ ۱۰۹۱ھ میں اردو میں ترجمہ کیا۔ غالبا اس جدت کا خیال خود ابوالحسن قطب شاہ ہی کی تحریک پر پیدا ہوا تھا کیونکہ غلام علی اس بادشاہ کے مقربین میں سے تھا اور اس نے اپنی مثنوی میں اس کی دل کھول کر تعریف کی ہے اگرچہ یہ مثنوی ہندی پدماوت کا ترجمہ ہے لیکن اس میں ہندی کے الفاظ کم نظر آتے ہیں۔ غلام علی نے اپنے عہد کی فصیح اردو میں یہ کتاب مرتب کی ہے اور یہ محض ترجمہ نہیں ہے۔ اس نے اصل پدماوت میں جگہ جگہ اضافہ کیا ہے اور ہر واقعہ کے آخر میں اپنی

طرف سے شعری نتیجے بھی نکلے ہیں۔ وہ اپنے پورے نام غلام علی ہی کو بطور تخلص استعمال کرتا تھا۔

ابوالحسن تانا شاہ کے آخری عہد میں شائق نے ایک مثنوی رضوان شاہ و روح افزا کے نام سے حیدرآباد میں سنہ ۱۰۹۴ھ میں مرتب کی تھی۔ یہ اس دور کی آخری بڑی کتاب ہے۔

شاہ قلی خان شاہی حیدرآباد دکن کا رہنے والا اور قطب شاہی لشکر کا ملازم تھا۔ رفتہ رفتہ ابوالحسن تانا شاہ کا مصاحب ہوگیا اور اس کی زمینوں میں غزلیں لکھا کرتا۔ یہ شعر جو تانا شاہ کی نظم کا ایک ٹکڑا سمجھا جاتا ہے بعض تذکروں میں اسکے نام سے درج ہے ؎

ملنا تمن کا غیر سوں کوئی جھوٹ کوئی سچ مچ کہتے
کس کس کا موں موند نا سجن کوئی کچھ کہتے کوئی کچھ کہتے

جب حیدرآباد فتح ہوا تو یہ لاپتہ ہوگیا۔ لیکن اہل حیدرآباد اسکے کلام کے حافظ تھے۔ اورنگ زیب کے سپاہیوں نے اس کو ورد زبان کرلیا اور بطور سوغات دور دور لے گئے۔ یہ اس دور کا بہترین مرثیہ گو بھی تھا۔ اس کے کئی مرثیے موجود ہیں۔

ابوالحسن تانا شاہ کے عہد میں جو شاعر باہر سے حیدرآباد

آئے۔ ان میں شجاع الدین نوری[۲۳] کا ذکر بھی ضروری ہے جو سادات گجرات سے تھا۔ یہ حیدرآباد میں سید مظفر وزیر تانا شاہ کے لڑکے کا اتالیق تھا۔ اسکی کوئی نظم تو نہیں ملی البتہ تذکرہ میر حسن وغیرہ میں ایک آدھ شعر اور بعض بیاضوں میں مرثیے دستیاب ہوتے ہیں۔ اس وقت حیدرآباد میں کئی اور شاعر مثلاً قادر۔ مرزا۔ روحی وغیرہ بھی موجود تھے اور چونکہ یہ زوال و تباہی حیدرآباد کے بعد بھی اس کا ماتم کرنے کے لئے عرصے تک زندہ رہے اس لئے ان کا تذکرہ آئندہ عنوان "مغل عہد" کے تحت درج ہو گا۔

مغل عہد میں

۱۶۸۶ سے ۱۷۵۰ء تک

گیارھویں صدی ہجری کے آخری دو چار سالوں (یعنی ۱۶۸۵ سے ۱۶۸۷ء تک) میں دکن ایک ایسے انقلاب سے دو چار ہوا جس نے اس سرزمین کی تہذیب و شائستگی اور علم و فضل کی بنیادیں ہلا دیں۔ بیجاپور اور حیدرآباد اس انقلاب سے ایسے متاثر ہوئے کہ پچاس سال تک سنبھل نہ سکے۔ سکندر عادل شاہ اور ابوالحسن تانا شاہ کی شکست اور قید کے بعد ان شہروں کی وہ مرکزیت ختم ہو گئی جو علم و فضل اور شعر و سخن کا گہوارہ ثابت ہوئی تھی۔ چنانچہ سب سے آخر میں حیدرآباد کے لٹنے اور اُجڑنے کے بعد ہی سے ایسے شاعر اور ادیب یہاں سے نکل گئے جو قدردانی کمال کی خاطر یہاں مقیم تھے۔ ان میں قاضی محمود بحری کا نام بطور خاص قابلِ ذکر ہے جو گوگی کے

رہنے والے ایک صوفی تھے وہ اپنے وطن سے سنہ ۱۶۸۳ء ۱۰۹۵ھ میں بیجا پور پہنچے ہی تھے کہ اس شہر کا مغلوں نے محاصرہ کر لیا اور آخر کار وہ اجڑ گیا۔ اس کی تباہی کے بعد انھوں نے حیدرآباد کا رخ کیا لیکن ان کے قدم یہاں بھی منحوس ثابت ہوئے چنانچہ ان کے پہنچتے ہی مغل فوجیں حیدرآباد پہنچ گیس اور اس کا بھی محاصرہ کر لیا جو آخر کار اس کی تباہی اور اُجڑنے کا باعث ہُوا۔

بحری بہت اچھے شاعر تھے ان کا اردو دیوان چھپ چکا ہے۔ اس کے علاوہ انھوں نے تصوّف و عرفان سے متعلق کئی اردو و فارسی مثنویاں من لگن سنہ ۱۷۰۰ء وعروس عرفان وغیرہ لکھیں اور بیجاپور وحیدرآباد سے بحال تباہ بھاگنے اور راستے میں لُٹ جانے کا حال بھی قلم بند کیا ہے۔

اس افرا تفری میں بحری اور نوری جیسے نہ معلوم کتنے شاعر حیدرآباد سے نکل گئے اور کس مپرسی کے عالم میں روپوش ہوگئے۔ لیکن بہت سے شاعر ایسے بھی تھے جو اپنا وطن چھوڑ کر کہیں جا نہ سکتے تھے انھوں نے اس تباہ شدہ شہر میں ہی اقامت اختیار کی اور اس کی اور اپنی بربادی پر آخر وقت تک آٹھ آٹھ آنسو روتے رہے اور چونکہ فاتح دکن شہنشاہ اورنگزیب عالمگیر

عازی اور ان کے کارندوں کی سیاست کے ڈرتے وہ اپنے جذبات و خیالات کو صاف صاف ظاہر نہیں کر سکتے تھے۔ اس لئے مرثیہ گوئی کو اپنا شعار بنا لیا۔ اور اپنے غم زدہ دلوں کی بھڑاس حضرت امام حسینؓ اور شہدائے کربلا کے مرثیے لکھ لکھ کر نکالی۔ یہ واقعہ یہاں بطور خاص قابلِ ذکر ہے کہ اہلِ حیدرآباد اپنے محبوب بادشاہ ابوالحسن کے آٹھ ماہ تک محصور رہنے اور جرأت و شجاعت کے ساتھ مقابلہ کرنے اور اس کے شریفانہ عادات اور تصوّف و عرفان سے لگاؤ کی بنا پر اس کو حضرت امام حسینؓ مظلوم سے تشبیہ دینے لگے تھے۔ چنانچہ اس شہر کے ایک بہادر سپہ سالار عبدالرزاق لاری نے اورنگ زیب کو یہ جواب دیا تھا۔

"این جنگ بلا تشبیہ بجنگ کربلا می ماند عبدالرزاق لاری امیدوار است کہ تا نفس باقی ست در زمرۂ کسانے کہ اول با حضرت امام حسین علیہ الصلوٰۃ والسلام بیعت نمودہ آخر تیغ بر روئے آں شہید کربلا کشیدند در نیاید بلکہ منجملہ ہفتاد و دو تن سرخروئی دنیا و آخرت حاصل نماید۔"

غرض یہی وجہ ہے کہ زوال حیدر آباد کے بعد اس شہر کے اکثر شاعر جن میں زیادہ تر سنی المذہب تھے مرثیہ گوئی ہی میں منہمک رہے اور طویل نظمیں یا مثنویاں نہ لکھ سکے کیونکہ ان کے لیئے ایک تو اطمینان قلب و فارغ البالی کی ضرورت تھی اور دوسرے کسی شاہی قدر دانی یا درباری قدر و منزلت کی توقع۔ اور یہ سب باتیں اس دور انتشار میں مفقود تھیں۔ ایسے شاعروں میں سب سے زیادہ مشہور اس شہر کے ایک پیر زادہ روحی[1] تھے۔ ان کے متعدد مرثیے مختلف کتب خانوں کی بیاضوں میں موجود ہیں۔ لیکن وہ محض مرثیہ گو ہی نہیں تھے۔ انھوں نے غزلیں اور مخمس وغیرہ بھی لکھے تھے جو اس عہد کی شاعری کا بہت عمدہ نمونہ ہے۔ اس کے چند بند یہ ہیں :-

جس دن سجن تجھ درس کا آدھار ہوتا کاش کے
پل پل منیں بہ ہے مرن یک بار ہوتا کاش کے
جانا ہمن مہ رخ کنے بسیار ہوتا کاش کے
واقف ہمارے حال پر دلدار ہوتا کاش کے
یو درد دل کا تجھ انگیں اظہار ہوتا کاش کے

گر وصل تیرا اے سجن اچھتا سدا سینسار میں
دل شاد یکھنے عاشقاں تجھ حسن کے بازار میں
جلتا نہ پروانہ کہیں اس سوز کے آزار میں
زاری نہ کرتے بلبلاں اس درد کے گلزار میں
گلشن محبت کا اگر بے خار ہوتا کاش کے

پانا تمھاری خاک پا جگ میں ہماری آبرو
تیری برد سوں اے سجن پھرتا ہوں حیراں کو بکو
پروانہ دل کا تجھ انکھیں لو پایا اتا ہیں مو بمو
صد جاں اگر ہوتے مجھے تھی دل منے یہ آرزو
یو جیو قرباں تجھ اوپر صد بار ہوتا کاش کے

میٹھے بچن سن پیو کے آتا ہے یوں مجھ من منے
روحی نہ ہوتے یک تل جدا نس دن ہوں درشن منے
سن یو لطافت کے بچن طاقت نہیں سوسن منے
ایسے سخن شیریں اوپر غنچے کے تئیں گلشن منے
تیری ثنا خوانی بدل گفتار ہوتا کاش کے

ان مخمسوں میں بھی جو سوز و گداز نمایاں ہے وہ اس عہد کے دکنی شعرا کے نفسی رجحان اور ذہنی کیفیتوں کا آئینہ دار ہے ان شعرا

نے مرثیوں کو اپنے سیاسی جذبات کا آلہ کار بنایا تھا۔ اس کا ثبوت اس واقعہ سے بھی ملتا ہے کہ بعض مرثیوں میں محض ایک آدھ لفظ کی تبدیلی سے ان شعرا کا اصل مقصد (یعنی تباہی وطن کی مرثیہ نگاری) ظاہر ہو جاتی ہے۔ مثال کے طور پر روحی کا یہ ایک مرثیہ ہے :-

آج غمناک ہیں چمن کے گل
بلکہ دل چاک ہیں سمن کے گل
غم زدہ سینہ داغ حیراں ہیں
نرگس و لالہ یاسمن کے گل
یوں نہ لالے شفق کے دِستے ہیں
لہو میں ڈوبے ہیں سب گگن کے گل
نقش پا دیکھ دل ہوس رکھتا
سر پہ رکھنے کوں تجھ چرن کے گل

یہ صرف نام ہی کو ایک مرثیہ ہے اور اگر اس کے پہلے مصرعہ میں بجائے چمن کے دکن لکھ دیا جائے تو پورا مرثیہ بجائے امام حسین کے ابوالحسن کا مرثیہ بن جاتا ہے۔

روحی زوال حیدرآباد کے وقت کا ایک بڑا شاعر تھا وہ

سنہ ۱۷۳۱ء ۱۱۵۰ھ کے قریبی زمانے میں فوت ہوا۔ اس کے کلام کی شہرت دور دور پہنچ چکی تھی۔ چنانچہ برہان پور کے ایک مشہور مرثیہ گو ہاشم علی نے اپنے دیوان حسینی میں اسکی نسبت لکھا تھا ؎

ہزار حیف نہیں شاعران دکھن
سو روحی و مرزا و قادر نہیں

قیام الدین قائم نے بھی اپنے تذکرہ میں روحی کا ذکر کیا ہے۔
ہاشم علی اس دور کا ایک بڑا شاعر تھا جس کا "دیوانِ حسینی" دکنی طرزِ سخن کا ایک معیاری مجموعہ ہے جو ۱۷۳۶ء ۱۱۵۰ھ میں مرتب ہوا تھا۔
ہاشم علی نے روحی کے بعد مرزا کا نام لکھا ہے۔ اس نام کے دو شاعر دکن میں گزرے ہیں۔ ایک بیجاپور میں اور ایک حیدرآباد میں۔ لیکن ہاشم علی نے اس شعر میں جن تین شاعروں کے نام لئے ہیں وہ سب حیدرآباد کے تھے۔ بیجاپور کا مرزا سنہ ۱۰۸۳ ہجری سے قبل فوت ہو چکا تھا اور یہ مرزا ابوالحسن "تاناشاہ" کا درباری شاعر تھا۔ جب تاناشاہ کو قید کر لیا گیا اور حیدرآباد کو مغل فوجوں نے لوٹ لیا تو مرزا نے اس غم میں فقیری اختیار کر لی اور گوشہ نشین ہو گیا۔ اسی گوشہ نشینی کے زمانے میں اس نے

مرثیے لکھ کر اپنا غم غلط کیا۔ اس کے متعدد مرثیے ایڈنبرا یونیورسٹی اور حیدرآباد کی بیاضوں میں موجود ہیں۔ وہ ایک اعلیٰ پایہ کا شاعر تھا۔ اس کے ایک مرثیہ کے چند شعر یہ ہیں :-

یہی نہ تنہا لباس نیلا ہے سب محباں کے تن میں غم تھیں
سیاہ پھیرا ہے پتلیاں نے ازل سوں جگ کے نین میں غم تھیں

ملا تھا بلبل سوں میں سحرگہ سنا ہوں احوال گلستاں کا
نہیں ہے کوئی گل بغیر نرگس پھٹے ہے گریاں چمن میں غم تھیں

خطا کا احوال مشک کہتا ہے جب سوں یہ پہنچی ہے یہ خبر وہاں
ہوا ہے سودا سوں جل کے کالا لہو غزال ختن میں غم تھیں

خبر محباں کی اشک ریزی کی جب بدخشاں سوں گئی عرب میں
عقیق جیتے تھے سب لہو ہو کے بہہ چلے ہیں یمن میں غم تھیں

یہ مرثیہ بو تراب سیتے قبول پائے تو کچھ عجب نئیں
کہ روح قادر کی زار رونے پڑتے جو مرزا دکھن میں غم تھیں

مقطع میں مرزا نے اپنے جس مرحوم رفیق خلیفہ قادر کو یاد کیا ہے وہ بھی حیدرآباد کا ایک شاعر عبدالقادر یا غلام قادر تھا جس کا ذکر قائم نے بھی تذکرہ مخزن نکات میں کیا ہے۔ اسکے بیس پچیس مرثیے ایڈنبرا اور حیدرآباد کی بیاضوں میں موجود ہیں۔ ہاشم علی

برہان پوری نے اس کو دکن کا ایک بڑا شاعر مانا ہے۔ چنانچہ وہ کہتا ہے۔

ہاشم علی عجب نئیں اس مرثیہ کوں سنکر
تجھ پر خلیفہ قادر تحسیں کرے دکھن میں

قادر کے مرثیوں سے پتہ چلتا ہے کہ وہ علم نجوم و ہندسہ کا بھی ماہر تھا۔ اس کے اسلوب بیان میں جوش اور سوز کے ساتھ سادگی اور تازگی بھی پائی جاتی ہے۔ وہ سنہ ۱۷۳۵ء / ۱۱۴۹ھ تک زندہ تھا۔ چنانچہ اپنے ایک مرثیہ میں اس کا سنہ تالیف اس طرح درج کیا ہے کہ گویا اپنی موت کا بھی اسی سال خواہش مند ہو وہ کہتا ہے۔

سنہ اگیارہ سواوپر اونچاس سال		سبز بانا قادرا کا لہو سیں لال
ختم کر یو مرثیہ پایا وصال		ہانے کیا غم غم پہ غم ہے مستقیم

اس کا سنہ وفات معلوم نہیں لیکن کیا تعجب کہ اپنی خواہش کے مطابق اسی سال واصل بحق ہوا ہو۔

اس دور میں چند شاعر اور ادیب ایسے بھی ملتے ہیں جنھوں نے رفتہ رفتہ اس انقلاب کے تلخ اثرات سے اپنی گلوخلاصی کرلی اور خود کو زمانہ کے ہم رنگ بنا لیا۔ ان میں سب سے پہلے شیخ داؤد ضعیفی[1] قابل ذکر ہیں۔

ضعیفی ایک عالم فقیہہ تھا۔ اس نے سنہ ۱۶۸۸ء / ۱۱۰۱ھ میں

ایک ضخیم کتاب ھدایات ھندی منظوم کی تھی جس میں جملہ شرعی مسائل کو ۲۵ ابواب میں منقسم کرکے بیان کیا ہے۔ ہر باب میں کئی مضامین ہیں۔ یہ کسی عربی یا فارسی کتاب کا ترجمہ نہیں ہے بلکہ اسی موضوع کی عربی و فارسی کتب کو پیش نظر رکھ کر خود ضعیفی نے ایک نئی کتاب اردو میں مرتب کی ہے کیونکہ اس کا خیال تھا کہ "یہ زبان آج کل اس حصۂ ملک میں بہت مقبول ہے اور شوق سے پڑھی جاتی ہے"۔

اس مثنوی کے آخری باب کی تیسری فصل میں ضعیفی نے بادشاہ وقت کی یوں مدح کی ہے۔

یہ دور جہاں دار اورنگ زیب
کہ جس تے ہوا اس زمانے کوں زیب
شہنشاہ عادل اہے در امور
کہ بدعت ضلالت ہوا جس سے دور
دیا یوں اسے حق تعالیٰ نے جس
جو دشمن ہو نے اس انگے خار و خس
دیا سر پہ چہ پن شہی کا وو تاج
دلی ہور دکن کا ہوا ایک راج

عجب فتح و نصرت ہے اس کے سنگات
جو کوئی نئیں کیا اس سوں دعوے کی بات
کہ شاہاں بھی اوّل ہوئے ہیں تو کیا
نہ کوئی زہد و تقوے میں ایسا دسیا
اہے اس منے بھی ولی کی صفات
کہ ہو آئے جو موں سوں کاڑے سو بات
بڑا دین اسلام کا کارساز
الٰہی توں کر عمر اس کی دراز

یہ پہلی مدح ہے جو کسی حیدرآبادی شاعر نے اورنگ زیب کی لکھی تھی۔ اس سے معلوم ہوتا ہے کہ ضعیفی ایک مذہبی شخص تھا اور اس کی نظر میں اورنگ زیب ایک بادشاہ کے علاوہ ولی بھی تھا اس لئے کہ وہ جو بات منہ سے نکالتا تھا وہ پوری ہوتی تھی اس مدح کو اس لئے اہمیت حاصل ہے کہ ایک دکنی شاعر نے اُسی فاتح دکن کی پہلی بار تعریف کی ہے جس کی ہجو میں اس سے پہلے کے شعرا خاص کر نصرتی نے متعدد شعر لکھے ہیں۔

شیخ داؤد ضعیفی کی ایک اور کتاب بھی موجود ہے جس میں ۳۶۰ ابیات میں ایک عورت کا قصہ بیان کیا گیا ہے جو حضور

سرورِ کائنات کی محبت میں بے تاب ہو کر جل گئی۔ یہ کسی فارسی کتاب کا ترجمہ معلوم ہوتا ہے۔ ضعیفی ایک عالم ہونے کے ساتھ ایک اچھا شاعر بھی تھا۔ اس کی ہدایاتِ ہندی اس دور کی ایک ضخیم (۳۶۳۸ ابیات کی) اور عمدہ کتاب ہے اس میں جگہ جگہ آیاتِ قرآنی۔ احادیث۔ اور عربی اور فارسی کی مستند کتابوں کی عبارتیں درج کر کے ان کی منظوم شرح لکھی گئی ہے۔ یہ کتاب اسلامی فرائض اور شریعت کے مسائل پر ایک مستند تصنیف ہے۔

ضعیفی کے ایک اور ہمعصر شاہ عنایت تھے جنھوں نے سنہ ۱۱۰۹ھ/۱۶۹۹ء میں ایک مثنوی نور نامہ لکھی تھی جس سے معلوم ہوتا ہے کہ وہ حضرت محبوب سبحانی عبدالقادر جیلانی کی اولاد سے تھے اور حسین شاہ ان کے مرشد یا والد تھے۔ انھوں نے فارسی نثر میں نور نامہ پڑھا تو خیال کیا کہ اپنی یادگار کے طور پر اس کو منظوم کر دیں۔ یہ کتاب اصل میں حضور سرورِ کائنات کی نعت پر مبنی ہے اور چونکہ مصنف کوئی اچھا شاعر نہ تھا اس لئے اس مثنوی کو صرف مذہبی اہمیت حاصل ہے۔ شاہ عنایت چونکہ ٹاٹ کا جبہ پہنتے تھے اس لئے ٹاٹ شاہ مشہور ہوئے۔

سنہ ١٧٤١ء ١١٥٥ھ میں وفات پائی اور حیدرآباد سے جو راستہ جامعہ عثمانیہ کی طرف جاتا ہے اس پران کی درگاہ اڈیکمیٹ کے قریب موجود ہے۔

شاہ عبدالرحمٰن قادری ایک بیجاپوری شاعر تھے جو بحری کی طرح بیجاپور کی تباہی کے بعد اپنے وطن سے نکل کھڑے ہوئے اور برار کا رخ کیا۔ حسن اتفاق سے اورنگ زیب عالمگیر بادشاہ کے فرزند اور جانشین شاہ عالم بہادر شاہ کے مقربین میں کچھ دن شامل رہے اور پھر دربار چھوڑ کر دلی کا سفر کیا اور وہاں کے قیام کے زمانہ میں روز جمنا کی سیر کو جاتے۔ وہاں تماشائیوں میں ایسے فقیر بھی دیکھے جو امام حسینؓ کے حالات درد انگیز فارسی اشعار میں سناتے تھے۔ اس کا اتنا اثر ہوا کہ دکنی میں اس موضوع پر سنہ ١٧٢٧ء ١١٤٠ھ میں ایک طویل مثنوی لکھنی شروع کی جس کا تاریخی نام باغ حسینی (سنہ ١١٤١ھ) رکھا۔ یہ مثنوی سولہ ہزار (١٦٠٠٠) سے زیادہ ابیات پر مشتمل ہے اور اس کے بعض بیانات سے معلوم ہوتا ہے کہ دکنی زبان اس وقت نہ صرف دکن بلکہ شمالی ہند میں بھی مقبول تھی۔ یہ دکن کی آخری طویل مثنوی ہے جو سادہ اور سلیس زبان میں لکھی گئی ہے۔ یہ مثنوی

کتب خانہ خانقاہ عنایت اللہی حیدر آباد میں محفوظ ہے۔

اس مثنوی میں رحمٰن قادری نے شہر بیجا پور کا بڑا دردناک مرثیہ لکھا ہے۔ اور اپنے وطن کے ایک بڑے شاعر نصرتی کی طرح اورنگ زیب کی سخت مذمت کی ہے اور اس کی حیلہ جو طبیعت پر چوٹیں کی ہیں بیجا پور کے مرثیہ کی چند ابیات یہ ہیں:-

جو اس وقت میں تھا بیجا پور شہر
سو اس شہر کی تھی جہاں میں خبر
اتھے بادشاہ واں کے صاحب عدل
نہ تھا یک رتی کام کا کیں دغل
جتی خلق واں کی وضیع و شریف
سخی مہرباں ہور بھو تیچ لطیف
مبرا تھے سب چھند فریباں ستے
اتھے معتقد وہ فقیراں ستے
جو آویں بزرگاں مرے شہر میں
رکھیں کر وطن اپنا آرام سیں
اتھا نام اس شہر کا ہر دیار
تو آدیں خبر سن کے عالم اپار

خدا کے فضل سوں وہ معمور تھا
اسی کے کرم سوں وہ منصور تھا
ہوے بادشاہ جب سوں اورنگ زیب
کئے اسکے لینے کے تئیں کئی فریب
دئے بھیج فوجاں کو اول عتاب
جو جا کر کریں ملک سارا خراب
پچھیں آپ آ ایک حیلے ستے
لئے شہر ہور ملک سب غصب تے

اس عہد کا ایک بڑا شاعر سیّد محمد خاں عشرتی[9] تھا جو اپنی خاندانی وجاہت اور لیاقت کی وجہ سے شہنشاہ اورنگ زیب کی سرپرستی سے فیض یاب ہو سکا۔ اس کا خاندان سادات دردیش کے نام سے مشہور تھا۔ وہ بارہ سال کی عمر میں اپنے والد سید یوسف حسینی ولد سیّد حسین کے ساتھ بصرہ کے راستہ سے دکن پہنچا اور پہلے بیجاپور میں مقیم ہوا اور بعد کو حیدرآباد چلا آیا۔ شاہ راجو کی جاگیرات وغیرہ کے سلسلے میں اس کے اور اورنگ زیب کے درمیان مراسلت رہی۔ اس کے پانچ لڑکے تھے اور سب ہی علمی ذوق سے بہرہ مند تھے۔ خاص کر سید احمد خاں اور سید محمد تقی خان

صاحب تصنیف تھے انکا خاندان حیدرآباد میں موجود ہے ۔ عشرتی کی قبر شاہ راجو کے گنبد (واقع بیرون فتح دروازہ حیدرآباد) کے شمال کی طرف واقع ہے ۔

عشرتی فارسی اور اردو دونوں زبانوں کا ادیب تھا۔ اس نے سنہ ۱۶۹۷ع / ۱۱۱۰ھ میں ملک محمد جائسی کی ہندی پدماوت کا خلاصہ فارسی مثنوی کی شکل میں لکھا تھا اور اس کی تاریخ اس طرح نکالی تھی ۔

بہار افروز دل شد چوں کلامش
گلے خستمی ست تاریخِ تمامش

عشرتی نے اردو میں دیوان غزلیات کے علاوہ دو مثنویاں لکھی تھیں۔ دیپک پتنگ اور چت لگن جو بہت اعلیٰ پایہ کی ہیں۔ دیپک پتنگ سنہ ۱۷۰۲ع / ۱۱۱۴ھ میں لکھی تھی۔ عشرتی کو اس کے معتقدین نصرتی بیجاپوری کا مدمقابل سمجھتے تھے۔ عشرتی کے فرزند سید[10] احمد خاں ھنر نے بھی اپنے باپ کی طرح کئی مثنویاں لکھی تھیں جن میں سیہ درپن بہت مشہور ہے جو سنہ ۱۷۳۰ع / ۱۱۴۴ھ میں تمام ہوئی تھی یہ پھول بن کے جواب میں لکھی گئی تھی چنانچہ شاعر کہتا ہے :-

بنایا پھول بن ابن نشاطی
رمٹھی باس سکی سب کے تئیں خوش آتی

جواب اس کا جو یہ ہے نیہ درپن
ہے سچ وہ عشق کے انکھیاں کا انجن

اسے اس سے اگر ناپائے بہتر
برابر تو یقیں جانے نہ کم تر

گویا غوث کو وہ ابن نشاطی کا مد مقابل سمجھتا تھا اور واقعہ یہ ہے کہ اپنے اس پیش رو کے مقابلہ میں اس نے نہایت کامیابی کے ساتھ قلم اٹھایا تھا۔ ابن نشاطی کی طرح اس کا ادبی ذوق بھی بہت عمدہ تھا۔ ابنِ نشاطی کی مثنوی پھول بن کی طرح عشرتی اور اس کے فرزندوں نے بھی اپنی جملہ کتابوں کے نام ٹھیٹ ہندی میں رکھے تھے۔ نیہ درپن میں ایک دعوت کا سماں بڑی خوبی سے کھینچا گیا ہے جس سے معلوم ہوتا ہے کہ قطب شاہی عہد کے آخری دور میں بلکہ اس کے بعد بھی اہلِ حیدرآباد اپنی مجلس آرائیوں میں کس سلیقے اور شائستگی سے کام لیا کرتے تھے! اس حصے کے چند شعر یہ ہیں :۔

بچھلے چاندنی کا فرش نرمل
کہ جیسا چاندنی میانے صف جل
بچھانے سوزنیاں زرباف کی صاف
ہے اس گل سورج ببل کو انصاف
رو پیری اور سنیری مسنداں پر
صدر مہرے رہے جیوان سور و چندر
اتھے پردار تکیے پر نیساں باف
پریاں کے گال جیسے نازک ہور صاف
سرنگ اسماں گیریاں تھیں شفق سی
اتھی گلزار جیوں گھن کے طبق سی
رکھے پھولاں سوں پھر اس ٹھار گلدان
رکھے تھے پان سیتے بھر تنبول دان
جرت کے شمع داں میں شمع کا نور
نورے چند تیوں لگن میں گھن کے پر نور
قندیلاں کے دکھت جھمکے سہانے
انگوراں کے جھڑے خوشاں کے دلنے

دیویاں سوں کنگرے ایسے سنوارے
کہ جیوں قوس قزح میانے ستارے
طبق بلور کی خوشبوی سوں بھر
ہزاراں چاند تھے جیوں بھیں کے اوپر

اسی سلسلے میں اس وقت کے کھانوں، سالنوں اور میٹھوں کی تفصیل نہایت خوبی سے قلم بند کر دی ہے۔

عشرتی کے پوتے سید علی[11] نے بھی حاتم طائی کا قصہ سنہ ۱۱۶۹ھ ۱۷۵۵ء میں گلشن احسان کے نام سے منظوم کیا تھا اور اس نے اپنے دادا کو نصرتی کا ہم مقابل قرار دیا ہے۔

عشرتی کے ہمعصروں میں بیچارہ[12]۔ آزاد[13] اور واللہ[14] کے نام بھی قابل ذکر ہیں جو قطب شاہی عہد کے آخری شعرائے اردو میں سے تھے۔ اول الذکر عالمگیر اورنگ زیب بادشاہ کے زمانہ میں بھی حیدرآباد میں موجود تھے۔ ان میں سے بیچارہ اور آزاد نے تو فتح حیدرآباد کے بعد دلی کا بھی سفر کیا تھا۔ ان کا ذکر میر حسن نے اپنے تذکرہ میں کیا ہے۔ فقیر اللہ آزاد خاص حیدرآباد کے باشندے اور بڑے اچھے اردو کے شاعر تھے۔ ولی اورنگ آبادی نے ان کی غزلوں پر غزلیں لکھی ہیں اور ان کے کلام کی داد دی ہے۔

چنانچہ ایک جگہ ولی لکھتے ہیں ۔

آزاد سے سنیا ہوں یہ مصرعہ مناسب
جس سے کہ یار ملتا ایسا ہنر نہ آیا

آزاد کا پورا شعر یہ ہے

سب صنعتیں جہاں کی آزاد ہم کو آئیں
پر جس سے یار ملتا ایسا ہنر نہ آیا

سید محمد والہ نے سنہ ۱۷۳۷ء میں حیدرآباد میں ایک طویل مثنوی طالب و موہنی لکھی تھی جو ادارۂ ادبیات اردو کی طرف سے شائع ہو چکی ہے۔

بحر العرفان سید شاہ حسین ذوقی[۵] اس دور کے ایک ایسے مذہبی بزرگ تھے جنھوں نے شعر و سخن کی وجہ سے بڑی شہرت حاصل کی ۔ انھوں نے کئی مثنویاں لکھیں جن میں سے وصال العاشقین ۔ وفات نامہ ۔ غوث نامہ اور ماں باپ نامہ قابلِ ذکر ہیں ۔ وہ اتنے کہنہ مشق شاعر تھے اور ان کے اتنے قدردان تھے کہ انھوں نے خود کو نصرتی سے بلند پایہ شاعر قرار دیا ہے ۔ انھوں نے مرثیے بھی لکھے ہیں جو اس دور کے بڑے مرثیہ گو روحی کے ہم رنگ ہیں ! ایک مرثیہ کے چند شعر یہ ہیں ۔

اے شمع بزم مصطفےٰ گھر آج آتے کیوں نہیں
تاریک ہے تم بن جہاں جلوہ دکھاتے کیوں نہیں

وہ جاہل دوزخ وطن آتے ہیں بادل کے تمن
جوں برق تیغ صف شکن شہ جگ مگاتے کیوں نہیں

چھوڑو سگل دنیا کے کام دس دن تلک ہر خاص و عام
ماتم کے آتش میں مدام تن کو جلاتے کیوں نہیں

ذوقی تمھارا ہے غلام فضل و کرم سے یا امام
اپنی زیارت کو مدام اس کو بلاتے کیوں نہیں

شاہ عبداللہ[16] بحری دراصل بیجاپوری شاعر تھے جو زوال بیجاپور کے بعد بھی زندہ رہے اور شعر و شاعری میں مصروف۔ انھوں نے وجہی کے مشہور نثری قصے سب رس کو منظوم کیا ہے۔ یہ مثنوی گلشن حسن و دل کے نام سے سنہ ۱۱۱۴ھ/۱۷۰۲ء میں لکھی گئی تھی۔ اس کا اسلوب سلیس اور سادہ ہے۔

بلبل[17] بھی اسی دور کا ایک شاعر تھا جس نے آتشی بیجاپوری کی فارسی مثنوی چندربدن و ماہیار کا اردو میں ترجمہ کیا تھا۔ یہ مثنوی مقیمی کی اسی موضوع کی مثنوی سے بالکل جدا ہے۔

عبدالعلی راجی[18] نے سنہ ۱۱۱۱ھ/۱۶۹۹ء میں ایک مثنوی

نامۂ علی قلم بند کی جس میں داستان کے طور پر حضرت علیؓ کے کمالات بیان کئے ہیں۔

دریا[19] نے سنہ ۱۷۰۰ع/۱۱۲۲ھ میں ایک وفات نامہ مثنوی کی شکل میں مرتب کیا جو دکن کے اکثر شہروں میں بہت مقبول رہا۔ اور اب تک بعض جگہ پڑھا جاتا ہے۔

عبد المحمد ترین[20] غالباً کوئی افغانی الاصل دکنی شاعر تھا جس نے اسی دَور میں پشتو زبان کی ایک کتاب شمائل النبی کو دکنی میں منتقل کیا تھا۔

وجہ الدین وجدی[21] اس دَور کے بڑے شاعروں میں سے ہیں جو دھارور کے رہنے والے تھے۔ ان کی تین مثنویاں موجود ہیں پنچھی باچھا۔ تحفۂ عاشقاں اور مخزنِ عشق۔ پنچھی باچھا (۳۶۵۰ شعر) شیخ فریدالدین عطار کی مشہور فارسی مثنوی منطق الطیر کا آزاد ترجمہ ہے اور سنہ ۱۷۱۸ع/۱۱۳۱ھ میں لکھی گئی ہے۔ تحفۂ عاشقاں بھی عطار ہی کی ایک مثنوی خسرو نامہ کا دکنی ترجمہ ہے جس میں وجدی نے بہت اضافہ کیا ہے۔ یہ مثنوی سنہ ۱۱۵۳ھ میں لکھی گئی۔ تیسری مثنوی مخزنِ عشق، باغِ جاں فزا بھی کہلاتی ہے اور یہ سنہ ۱۷۳۱ع/۱۱۴۵ھ میں تصنیف کی گئی۔ اس شاعر کے حالاتِ زندگی پر

ایک کتاب مرتبہ محمد بن عمر صاحب شائع ہو چکی ہے۔ اس شاعر نے اپنے دور کے تمدن اور سماجی حالات کی ایک کامیاب نمایندگی کی ہے۔ اس کی زبان سلیس اور ترقی یافتہ ہے۔ اس نے غزلیں بھی لکھی ہیں۔ ایک غزل کے چند شعر یہ ہیں :-

چنچل کا آج بچھڑا مجھ اُپر بھاری ہوا یاراں
تو میں اس دو جگت سیتیں نرا دھاری ہوا یاراں

ہماری بت پرستی کوں نہیں سمجھے اجھوں زاہد
برائے کفر سٹ دیں کو تو پوجاری ہوا یاراں

نکو کہہ وجدیا اپنیاں نپٹ سب وصل کیاں ناباں
کتے ہیں لوگ سب تجھ کوں کہ زناری ہوا یاراں

فتح[۲۲] شریف نے اس دور میں دو مثنویاں زلیخائے ثانی اور پند نامۂ لقمان سنہ ۱۱۳۰ھ / ۱۷۱۷ء لکھیں۔ یہ شاعر فتح تخلص کرتا تھا اور گوڈر کا باشندہ تھا۔ اس نے اپنے ایک دوست محمد امین کی فرمائش پر مثنوی زلیخائے ثانی لکھی تھی۔ اسکی دونوں مثنویاں فارسی کا ترجمہ ہیں۔

شاہ[۲۳] عبداللہ عاشق اورنگ آبادی شاعر تھے اور وہاں کے مشہور بزرگ شاہ نظام الدین ثانی کے مرید اور خلیفہ تھے

ایک طویل مثنوی اشارات الغافلین لکھی جس میں اخلاق و تصوّف کے مضامین قلم بند کئے۔ انہوں نے اپنے مرشد کی تعریف میں جو ابیات لکھی ہیں ان کا انتخاب یہاں درج کیا جاتا ہے تاکہ ان کی اور حیدرآباد کے ان شاعروں کی زبان کا فرق واضح ہو جنھوں نے وہاں کے ایک مرشد شاہ راجو کی مدحیں لکھی تھیں اور جو اس سے قبل درج ہو چکی ہیں۔

کیا پیر پر میں اپس کوں فدا
اوہے بادشاہ میں ہوں اس کا گدا
مگر پیر میرا سو ایمان ہے
کہ ایمان کیا بلکہ رحمان ہے
نظام الدین ثانی ہے ثانی علی
بتایا مجھے ان خفی اور جلی
ولی چشت کے گھر کا ہے جس پو بار
کہ عالم ہے اس فیض کا انتظار
تصدق ہوں بلہار اس پیر کے
نظام الدین ثانی سے اکسیر کے

سنہ ۱۲ سیّد اشرف اس دور کے ایک ایسے شاعر تھے جنھوں نے

شمالی ہند کا سفر کیا اور دلی میں بھی اتنی مقبولیت حاصل کی کہ ان کا اکثر تذکروں میں ذکر کیا گیا ہے۔ انھوں نے سنہ ۱۱۲۵ھ/۱۷۱۳ء میں ایک مثنوی 'جنگ نامہ حیدر' لکھی تھی جس میں حضرت علیؓ کے حالات جنگ تفصیل سے منظوم کئے ہیں۔ انھوں نے متعدد مرثیے بھی لکھے ہیں جن میں سے ایک مرثیہ کے چند شعر بطور نمونہ یہاں درج ہیں جن سے معلوم ہوگا کہ سفر دہلی کے اثر سے ان کے کلام میں فارسی ترکیبوں اور اضافتوں کا کس طرح دخل ہوگیا تھا ؎

کہاں ہے وہ ولیِ والیٔ حیدر حسن میرا
کہاں ہے وہ حسین ابن علی صفدر شکن میرا
اگن سوں ماتم شہ کے جلا ہے تن بدن میرا
برنگِ برق خرمن سوز دل ہے ہر سخن میرا
لگا ہے بسکہ تیرِ ماتمِ شہ دل منے کاری
شہیدِ کربلائے غم ہوا ہے جگ میں من میرا
ہوس گلگشت رضواں کی کرے کیوں عندلیبِ دل
محبت کی گلی میں شاہ دیں کے ہے وطن میرا
ہوا ہے بسکہ زخمی خنجرِ داغِ غم شہ سوں
برنگ لالہ ہے لبریز خونِ دل چمن میرا

کہیا ہوں بے بدل یو مرثیہ جب سوں اماموں کا
ہوا مشتاق ہر یک شاعرِ ملک دکھن میرا
جو کوئی ہے صدق دل سوں دوست دارِ آلِ پیغمبر
اے اشرف اسکے پگ کی خاک ہے کحل نین میرا

سید محمد فراقی[۲۵]۔ یہ ایک بیجاپوری شاعر تھے۔ زوالِ بیجاپور کے بعد پہلے اورنگ آباد آئے اور پھر آزاد کے ساتھ دلی کا سفر کیا اور وہاں اتنی شہرت حاصل کی کہ وہاں کے تذکرہ نگاروں نے ان کا بطور خاص ذکر کیا ہے۔ انھوں نے مضامین تصوف پر مشتمل ایک مثنوی مراۃ الحشر بھی لکھی تھی لیکن غزل گو کی حیثیت سے بہت مقبول ہوئے۔ ان کی غزلیں دلی میں اردو شاعری کا چسکا پیدا کرنے کا باعث بنیں۔ ایک نعتیہ غزل کے چند شعر بطور نمونہ درج ذیل ہیں ؎

مدینے میں اگر پیدا ہوا ہوتا تو کیا ہوتا
محمد کی گلی بھیتر فنا ہوتا تو کیا ہوتا

ازل کی دین میں یارب اگر مفلس گنہگاری ہوں
نبی کے آستانے کا گدا ہوتا تو کیا ہوتا

نظر ہے علم منطق ہور معانی میں فراقی کوں
اگر علم حدیثِ مصطفےٰ ہوتا تو کیا ہوتا

سید شاہ ندیم اللہ حسینی[۲۶] بھی بیجاپور کے باشندے

تھے اور وہاں کے دوسرے شاعروں رحمن اور فراقی کی طرح زوال بیجا پور کے غم میں عمر بھر دل برداشتہ رہے اور زیادہ تر مرثیے لکھ کر غم غلط کرتے رہے۔ ان کے مرثیے بہت مشہور ہیں۔ ایک مرثیہ کے چند شعر یہ ہیں :-

ہے ہے اصغر ابن حسین سونا تیرا پالنا
رورو بانو کرتے ہیں بین سونا تیرا پالنا
تھا نوشہ کے من کا چاؤ مجھ دکھیا کے من کا بھاؤ
کاری ہے مجھ دل پر گھاؤ سونا تیرا پالنا
چھاتی کوں کس لاؤں میں کسکو دودھ پلاؤں میں
اصغر تجھ کا پاؤں میں سونا تیرا پالنا
دکھ کی لنکھنا ہوں تن غم کی دھونی جالوں من
تجھ بن مجھ کوں گھر ہے بن سونا تیرا پالنا
آج ندیم اس غم کے بین کرتا انجھواں بھر کر نین
اصغر شہ کے نور العین سونا تیرا پالنا

ذوقی[۲] ویلوری کا نام میر ولی فیاض تھا۔ پہلے سات گڑھ کے نواب حراست خاں کے ملازم رہے اور بعد کو قلعہ داران سدھوٹ سے متعلق ہو گئے اور اپنی جاگیر چٹ پیٹھ میں آخری عمر گزاری۔ وہ

بہت پُرگو شاعر تھے اور کئی مثنویاں لکھیں جو زیادہ تر مذہبی موضوعوں پر ہیں۔ ان کی حسب ذیل مثنویاں اب تک مشہور ہیں۔

۱۔ روضۃ الشہدا جو سنہ ۱۷۲۴ء/۱۱۳۷ھ میں لکھی گئی اور ملا حسین واعظ کاشفی کی فارسی مثنوی کا ترجمہ ہے۔ یہ دہ مجلس بھی کہلاتی ہے۔ امام حسین کی شہادت کے حالات اس میں دس مجلسوں کے تحت بیان کئے گئے ہیں۔

۲۔ روضۃ الانوار۔ سنہ ۱۷۳۵ء/۱۱۴ھ میں آں حضرتؐ کی سیرت کے حالات سے متعلق لکھی گئی۔

۳۔ روضۃ العقبیٰ۔ سنہ ۱۷۳۸ء/۱۱۶۲ھ میں لکھی تھی۔

۴۔ دعائے فاطمہ بھی اسی زمانہ میں لکھی۔

۵۔ مثنوی رتن پدم میں رتن سین اور پدماوت کا قصہ لکھا ہے اور یہی مثنوی غالباً ان کی ابتدائی تصنیف تھی اور اسکی کامیابی کو دیکھ کر بعد میں انھوں نے مذہبی مثنویاں لکھیں۔

ولی[٢٨] اللہ قادری نے سنہ ۱۶۸۸ء میں اپنے والد کی فرمائش پر فارسی معرفت السلوک کا اُردو میں ترجمہ کیا تھا۔

امامی[٢٩] بھی اس دور کا ایک شاعر تھا جو پُرانی دلی کے ایک بزرگ شاہ عبداللہ خواہرزادۂ پیر سید جلال کا مرید تھا اور

غالباً دلی کا سفر بھی کیا تھا۔ اس نے متعدد مرثیے بھی لکھے تھے۔ جن میں سے آٹھ اڈنبرا یونیورسٹی کی بیاض میں محفوظ ہیں۔ اس نے سنہ ۲۷-۱۷۲۶ء/ ۴-۱۱۳۳ھ میں وفات نامہ سرور کائنات لکھا تھا جو ۵۱۵ ابیات پر مشتمل ہے۔ اس میں اآمی نے اپنے مرشد کی تعریف جس عنوان کے تحت کی ہے اس کے چند شعر درج ذیل ہیں جن سے معلوم ہوگا کہ اس سے پہلے کے دکنی شاعروں نے اپنے مرشدوں شاہ راجو وغیرہ کی جو مدحیں کی ہیں ان کی اور اآمی کی زبان اور اسلوب میں کتنا فرق پیدا ہو چکا تھا۔

حقیقت کے میداں منے شہسوا محل معرفت راز کے تاجدا
کہ ہیں دو نگینے سلیمان کے مہر ہیں محمد کے فرمان کے
وو مالک رسالت ولایت کے ہیں وو ہادی حقیقت ہدایت کے ہیں
مبارک اسم میر سید جلال کہ دلی پرانی میں ان کا محال
اسی کے بہن کا جو فرزند ہے کہ دل لوٹیاں کا وہ دلبند ہے

مرا تن مرے پیر کے تن منے
مرے پیر کا تن محمد منے

سید ولی محمد ولی اورنگ آبادی۔ اس پورے دور کے گل سرسبد تھے۔ اورنگ زیب عالمگیر غازی کے طویل قیام دکن

اور سکونت اورنگ آباد کا اگر کوئی بہتر اور قابل فخر نتیجہ نکل سکا تو وہ صرف ولیؔ اور ان کا کلام ہے۔ اورنگ زیب نے بیجا پور اور حیدر آباد کو تو اُجاڑ دیا اور وہاں کی ادبی محفلیں اور بازار اُردو کی چہل پہل سونی ہوگئی لیکن اس کی وجہ سے اورنگ آباد شعر و ادب۔ علم و فن اور تہذیب و تمدن کا ایک ایسا مرکز بن گیا جو اس کی وفات کے بعد بھی تقریباً ایک صدی تک درخشاں رہا۔ اس وقت اورنگ آباد پورے ہندوستان کا دل تھا اور ہر صوبہ کے امیر۔ فقیر۔ سپاہی اور ادیب شاہی دربار سے فیض یاب ہونے کے لئے وہاں آتے تھے۔ خود بیجاپور اور حیدر آباد کے متعدد باقی ماندہ شعرا اور صاحبان کمال بھی وہیں کھنچے کھنچے چلے گئے تھے۔ ایک ایسے سازگار ماحول میں ولیؔ کی نشو و نما ہوئی اور چونکہ عادل شاہی اور قطب شاہی سلطنتوں کی تباہی کے بعد دکن میں علم و فضل کا کوئی مرکز باقی نہ رہا تھا اور اورنگ زیب کی لشکر آرائیوں کی وجہ سے خود اورنگ آباد میں اس وقت تک یہ مرکزیت پیدا نہ ہونے پائی تھی اس لئے تکمیل تعلیم کے لئے ولیؔ نے احمد آباد گجرات کا سفر کیا اور وہاں کے مشہور بزرگ شاہ وجیہہ الدین گجراتی کی خانقاہ اور مدرسۂ ہدایت بخش سے فیض حاصل کیا۔ ان کا یہ قیام گجرات کا زمانہ

چونکہ عنفوان شباب کا زمانہ تھا اس لئے وہ اپنی زندگی کے اس شگفتہ دور کو تمام عمر یاد کرتے رہے ۔ اس سیر گجرات کی دلچسپیوں گجراتی دوستوں کی محبت و جاں نثاری اور مولانا نورالدین اور ان کے فرزند شیخ محمد صالح کی مدح سرائی کی وجہ سے بعض اصحاب کو یہ خیال ہوا کہ ولی گجراتی الاصل ہی تھے حالانکہ یہ حقیقت کے خلاف ہے ۔ انھوں نے گجرات پر جو نظم لکھی اس میں وہاں کی سیر کا صاف طور پر ذکر کیا ہے اور جگہ جگہ خود کو شاعرِ دکن ظاہر کیا ہے۔ ان کی زبان بھی گجراتی لب و لہجہ اور لسانیاتی خصوصیات سے عاری ہے ۔

ولی عہدِ اورنگ زیب کے ایک سچے نمائندے تھے ۔ خود اورنگ زیب اپنے وطن دلی اور آگرہ سے دور تمام عمر دکن کی کوہساروں میں سرگرداں رہے اور ان کے ساتھ تمام ہندوستان کی فوجیں اور ارباب کمال متحرک رہے ۔ اس لئے ولی کا بھی ایک جگہ بیٹھا رہنا اقتضائے وقت کے خلاف تھا ۔ یہ دور درصل ایک دورِ انتشار تھا ۔ چنانچہ اس عہد کے اکثر دکنی شعرا بحری ۔ آزاد ۔ فراقی ۔ وجدی ۔ نوری ۔ امامی ۔ رحمٰن وغیرہ برابر حرکت میں رہے اور ان میں سے اکثروں نے دلی کی بھی سیر و سیاحت کی ۔ چنانچہ ولی نے

بھی دلی کا سفر کیا اور وہاں کے مشاعروں میں اپنا دکنی کلام سنا کر وہاں کے شاعروں کو اتنا مسحور کیا کہ وہ اُردو میں لکھنے کی طرف مائل ہو گئے۔ اس وقت تک وہاں یہ زبان صرف بازاری سمجھی جاتی تھی اور علمی و ادبی محفلوں میں اس وقت تک اس کو جگہ نہ مل سکی تھی۔ ولی کی شخصیت اور ان کے دیوان کی مقبولیت کا یہ اثر ہوا کہ شعرائے دلی نے فارسی کو ہمیشہ کے لئے خیرباد کہہ کر اُردو میں طبع آزمائی شروع کر دی۔ حاتم۔ مظہر۔ آبرو۔ ناجی اور فغاں وہ شعرائے دہلی ہیں جنھوں نے ولی کا کلام خود ان کی زبان سے سنا اور ان کی غزلوں پر غزلیں لکھیں۔ اور اپنے کلام کے لئے وہی محاورہ اور زبان اختیار کی جو ولی نے استعمال کی تھی۔ اگرچہ بعد کو مظہر کی تحریک سے دہلی کا روزمرہ اور فارسی ترکیبیں زیادہ استعمال ہونے لگیں۔ لیکن میر اور سودا اور درد کے زمانہ تک زبان پر ولی ہی کا سکہ چلتا رہا۔ اس طرح اس زمانہ میں اگرچہ شمالی فوجوں نے دکن کو فتح کیا تھا لیکن دکن کے شاعروں نے شمال کو فتح کر لیا اور اپنی زبان کا ڈنکا دلی کے مشاعروں اور محفلوں میں اس طرح بجوایا کہ دکن کی بھی زبان وہاں کی محفلوں کی جان بن گئی لیکن اس سلسلہ میں ایک عجیب ستم ظریفی یہ ہوئی کہ شمالی ہند کے شاعروں اور

تذکرہ نگاروں نے ولی ہی کو اردو کا پہلا صاحبِ دیوان شاعر سمجھ لیا اور اب تک بھی یہی سمجھا جاتا ہے۔ حالانکہ دکن میں ولی سے بہت پہلے متعدد شاعر مثلاً محمد قلی قطب شاہ۔ غواصی۔ وجہی۔ عبداللہ قطب شاہ سلطان۔ علی عادل شاہ۔ ہاشمی۔ نصرتی وغیرہ۔ صاحبِ دیوان گزر چکے ہیں۔ اور انہی کی زمینوں میں ولی نے اپنی غزلیں لکھی ہیں۔ وہ اس قدیم سلسلۂ شعرا کی ایک ایسی کڑی تھے جن سے شمال میں ایک جدید سلسلہ منسلک ہوگیا۔ اس طرح حاتم مظہر۔ میر اور سودا کی بہت سی غزلیں دکن کے ان قدیم شعرا کی زمینوں ہی میں لکھی گئی تھیں جن کو وہ اپنی معلومات کی کمی کی وجہ سے ولی کی زمینیں سمجھتے تھے۔

ولی دراصل ایک غزل گو شاعر تھے۔ انھوں نے مثنویاں اور قصیدے بھی لکھے ہیں لیکن ان پر ان کی شہرت اور عظمت کا دارومدار نہیں ہے۔ ایک فارسی نثر کا رسالہ نورالمعرفت بھی ان سے منسوب کیا جاتا ہے مگر یہ دراصل ان کے ایک گجراتی ہمعصر شاہ ولی اللہ کی تالیف ہے جن کو غلطی سے شاعر قرار دے کر خود ولی اورنگ آبادی کو ولی گجراتی سمجھ لیا گیا تھا۔ یہ شاہ ولی اللہ شاہ وجیہہ الدین گجراتی کی اولاد میں تھے اور ان کی قبر دہلی میں چینی پیر

کی قبر کے نام سے مشہور ہے۔ حالانکہ ولی نے اورنگ آباد ہی میں سنہ ۱۷۰۷ھ میں وفات پائی اور وہیں حضرت سید احمد گجراتی کے تکیہ میں دفن کیئے گئے۔

ولی نے فراق گجرات کے موضوع پر جو غزل لکھی ہے اس کے چند شعر یہ ہیں :-

گجرات کے فراق سوں ہے خار خار دل
بے تاب ہے سینے منے آتش بہار دل
مرہم نہیں ہے اس کے زخم کا جہاں منیں
شمشیر ہجر سوں جو ہوا ہے فگار دل
اس سیر کے نشے سوں اول تر دماغ تھا
آخر کوں اس فراق میں کھینچا خمار دل
میرے سینے میں آکے چمن دیکھ عشق کا
ہے جوش خوں سوں تن میں مرے لالہ زار دل
ہجرت سوں دوستاں کے ہوا جی مرا گداز
عشرت کے پیرہن کوں کیا تار تار دل
ہر آشنا کی یاد کی گرمی سوں تن منیں
ہر دم میں بے قرار ہے مثلِ شرار دل

لیکن ہزار شکر ولی حق کے فیض سوں
پھر اُس کے دیکھنے کا ہے اُمید وار دل

ولی ایک آوارہ مزاج۔ قلندر منش اور بے باک شاعر تھے۔ ان کے کلام میں مضامین کی رنگینی، خیالات کی وسعت اور طرز ادا کی بے باکی پائی جاتی ہے۔ ان کا دیوان کئی بار چھپ چکا ہے اور ان سے متعلق کئی مضامین اور کتابیں بھی شائع ہو چکی ہیں۔ ان کی مثنوی سورت کی چند ابیات یہ ہیں جن سے زبان اور اسلوب بیان کا اندازہ ہو سکتا ہے۔

عجب شہراں میں ہے پُر نور یک شہر   بلاشک وہ ہے جگ میں مقصدِ دہر
اہے مشہور اس کا نام سورت   کہ جاوے جسکے دیکھے سب کدورت
جگت کی آنکھ کا گویا ہے یہ نور   اچھو اس نور سوں ہر چشم بد دُور
شہر جیوں منتخب دیوان ہے سب   ملاحت کی وہ گویا کان ہے سب
عجب قلعہ ہے وہاں اک با قرینہ   انگوٹھی میں دنیا کے جیوں نگینہ

فرنگی اس میں اتے ہیں کلہ پوش
عدو وہاں جنکی گنتی میں نہ بیہوش

ولی کے دیوان سے ظاہر ہوتا ہے کہ سفرِ دہلی سے پہلے اور بعد کے کلام میں زبان کا کافی فرق ہو گیا تھا۔ سفر دہلی سے پہلے کا

کلام قدیم اساتذۂ دکن کے ہم رنگ ہے اور دہلی سے واپسی کے بعد کے کلام میں فارسی اضافتیں اور ترکیبیں زیادہ دخیل ہوگئی ہیں۔ دونوں قسم کی غزلوں کے نمونے یہ ہیں :-

مت غصہ کے شعلہ سوں جلتے کوں جلاتی جا
ٹک مہر کے پانی سوں یہ آگ بجھاتی جا
تجھ چال کی قیمت سوں نیں دل ہے مرا واقف
اے ناز بھری چنچل ٹک بھاؤ بتاتی جا
اس رین اندھیری میں مت بھول پڑوں تجھ سوں
ٹک پاؤں کے بچھوؤں کی آواز سناتی جا
تجھ گھر کی طرف سندر آتا ہے ولی دایم
مشتاق ہے درشن کا ٹک درس دکھاتی جا

وہ صنم جب سوں بسا دیدۂ حیراں میں آ
آتشِ عشق پڑی عقل کے سامان میں آ
ناز دیتا نہیں گو رخصتِ گلگشتِ چمن
اے چمن زارِ حیا دل کے گلستان میں آ
عیش ہے عیش کہ اس مہ کا خیالِ روشن
شمع روشن کیا مجھ دل کے شبستان میں آ

غم سوں تیرے ہے ترحم کا محل حال ولی
ظلم کو چھوڑ سجن شیوۂ احسان میں آ

---

۳۱ میر جعفر زٹلی۔ اصل میں شمالی ہند میں نارنول کا رہنے والا تھا۔ لیکن شہزادہ کام بخش کی فوج کے ساتھ دکن آیا۔ حیدرآباد اور اورنگ آباد دونوں میں قیام کیا اور یہاں کی شعر و سخن کی محفلوں سے متاثر ہوکر خود بھی دکنی میں شعرگوئی شروع کی۔ چونکہ ہجو سے زیادہ لگاؤ تھا اس لئے بالآخر اسی میں پڑگیا اور فحش گوئی اختیار کرلی۔ چنانچہ اسی سلسلہ میں سنہ ۱۷۱۳ء میں فرخ سیر بادشاہ کے حکم سے قتل کردیا گیا۔

زٹلی کا کلیات بہت ضخیم ہے۔ اور اس کی نظمیں مختلف موضوعوں پر ہیں۔ ان میں سلوک۔ جوبن نامہ۔ اختلافِ زماں اور مرثیۂ عالم گیر قابلِ ذکر ہیں۔

زٹلی شمالی ہند کے اُن شعرا میں سے نہیں تھا جنھوں نے دلی میں ولی کے اثر سے اُردو میں شعرگوئی شروع کی تھی۔ بلکہ وہ خود دکن آیا تھا اور اس کے کلام میں ہریانوی۔ اردو اور دکنی تینوں زبانوں کا اثر پایا جاتا ہے۔

جعفر علی کی طرح ایک اور شاعر میر عبد الولی عزلت[۳۲] اس دَور میں دکن آیا تھا اور وہ بھی زٹلی کی طرح تمام عمر ایک شہر سے دوسرے شہر کو سرگرداں رہا۔ عزلت سورت کا رہنے والا تھا۔ مختلف شہروں اور صوبوں کی سیر و سیاحت کرکے جب اورنگ آباد پہنچا تو ناصر جنگ شہید نے قدر و منزلت کی اور ماہوار تنخواہ مقرر کردی۔ لیکن ناصر جنگ کی وفات کے بعد حیدرآباد کا رُخ کیا اور یہاں دو گاؤں بطورِ جاگیر حاصل کیے۔ آخر کار حیدرآباد ہی میں سنہ ۱۷۷۵ء میں وفات پائی۔

عزلت نہ صرف اُردو، فارسی اور ہندی کا صاحبِ دیوان شاعر تھا بلکہ ماہرِ موسیقی اور اعلیٰ درجہ کا مصور بھی تھا۔ میر تقی میر سے بھی ملاقات کی تھی۔ اور عزلت ہی کی بیاض کو پیشِ نظر رکھ کر میر نے اپنے تذکرہ نکات الشعرا میں بعض دکنی شعرا کا ذکر کیا ہے۔

شاہ فضل اللہ فضلی[۳۳] اس دور کے ایک مشہور شاعر ہیں جنھوں نے کئی مثنویاں پریم لوکا۔ برہ بھبوکا اور زاد دراد وغیرہ لکھیں۔ ان کے والد عطاء اللہ غازی الدین خاں فیروز جنگ کے ساتھ مدتوں رہے۔ فضلی اورنگ آباد میں پیدا ہوئے اور وہیں کے

کم عمر معاصرین میں اپنی طویل مثنویوں کی وجہ سے شہرت حاصل کی۔ سنہ ۱۷۰۰ء میں وفات پائی۔ انھوں نے غزلیں بھی لکھی ہیں۔

عاشق[۳۴]۔ میر یحیٰی عرف عاشق علی خاں برہان پور کے رہنے والے تھے اور شاہ عشق اللہ عاشق کے ہم عصر۔ یہ سپاہی پیشہ تھے اور آصف جاہ اول کے ساتھ پہلے اورنگ آباد اور پھر حیدرآباد چلے آئے اور پھر یہیں اپنی بقیہ عمر گزار دی اور سنہ ۱۷۵۰ء سے قبل وفات پائی۔ علم وفضل اور انشا پردازی کی وجہ سے بڑی شہرت حاصل کی۔ شاعری کے دلدادہ تھے اور ولی کے شاگرد یا معتقد۔ ایک شعر میں کہتے ہیں ؂

ولی سُن یہ غزل عاشق کے تئیں کہتا اگر ہوتا
رہا کر سگ ہو تو دایم نبی کے آستانے کا

عاشق کا دیوان موجود ہے ان کا کلام نہایت پختہ اور رنگین ہے۔

مرزا داؤد[۳۵]۔ ولی اورنگ آبادی کا کم عمر ہم عصر تھا جو ان کے بعد بھی عرصہ تک زندہ رہا۔ اور سنہ ۱۷۵۴ء میں وفات پائی اس کے آبا و اجداد بلخ سے عہد اورنگ زیب میں اورنگ آباد آئے۔ اور منصب سے سرفراز ہوئے۔ داؤد اورنگ آباد میں پیدا ہوئے اور ولی کی طرح اس شہر کی علمی و ادبی فضا سے متاثر ہوئے۔ ولی

نے آخری زمانے میں اپنے کلام میں جو پختگی اور زبان میں جو ہمہ گیریت پیدا کی تھی داؤد نے اس کو اور آگے بڑھایا۔ وہ خوش آواز تھے اور جب مشاعرے میں غزل سناتے تو ان کی آواز کی دلکشی پر لوگ جھوم جھوم جاتے۔ وہ پُرگو شاعر نہیں تھے لیکن ان کے ہم عصران کے کمال سخن کے بڑے مداح اور معترف تھے واقعہ یہ ہے کہ وہ ولی کے ایک سچے جانشین تھے اور بالکل صحیح لکھا ہے کہ :-

بعد از ولی ہوئے ہیں کئی شاعراں ولیکن
داؤد شعر تیرا مشہور ہے دکن میں
حق نے بعد از ولی تجھے داؤد
صوبۂ شاعری بحال کیا

ان کی ایک غزل کے تین شعر یہ ہیں۔

مرا احوال چشم یار سے پوچھ
حقیقت درد کی بیمار سے پوچھ
مرے حالِ پریشاں کی حقیقت
صنم کے زلف کے ہر تار سے پوچھ
مری ہر اک صدائے آہ کا پیچ
صنم کے چہرۂ بلدار سے پوچھ

غلام قادر ساؔمی[۲۶]۔ اس دور کے ایک ابھرتے ہوئے شاعر تھے۔ انھوں نے بڑی عمر پائی اور سنہ ۱۶۷۰ء میں فوت ہوئے۔ ان کے دادا اورنگ زیب کے ساتھ دکن آئے اور یہ اورنگ آباد ہی میں پیدا ہوئے۔ درویش صفت اور با اخلاق صوفی تھے۔ متعدد امرا اور شعرا اُن کے معتقد اور شاگرد تھے انھوں نے ایک دیوان بھی مرتب کیا تھا اور ایک عمدہ مثنوی سرو و شمشاد لکھی تھی جس میں ۵۰۵ علوم و فنون کی معلومات بھی اثنائے قصہ میں درج کر دی ہیں۔ ان میں سے بعض کے عنوان یہ ہیں۔

کلام۔ مذہب۔ اخلاقیات۔ جرثقیل۔ طبیعیات۔ طب۔ طلسمات۔ نیرنجات۔ کیمیا۔ سیمیا۔ ریمیا۔ جفر۔ موسیقی۔ معانی منطق۔ قوافی۔ عروض۔ برات۔ ہندسہ۔ مساحت۔ نحو۔ قرأت نجوم۔ رمل وغیرہ۔

یہ مسائل توضمناً آگئے ہیں لیکن اصل مثنوی سرو اور شمشاد کے معاشقہ کی داستان ہے جس میں ساؔمی نے اپنے عہد کی بڑی عمدہ ترجمانی کی ہے اور اس کے مطالعہ سے واضح ہوتا ہے کہ اس وقت تک اورنگ آباد علم و فضل کا کتنا بڑا مرکز بن گیا تھا

یہ مثنوی عینی کی فارسی مثنوی سے ماخوذ ہے۔

اگرچہ سامی کی زبان گولکنڈہ اور بیجاپور کے مثنوی نگاروں کے مقابلہ میں صاف ہے۔تاہم دکنی زبان کا اثر جگہ جگہ نمایاں ہے۔مثلاً

زمانہ کا میں دیکھا ہوں عجب رنگ
کبھی ہے صلح اس میں اور کبھی جنگ
کوئی عورت نہ کی دعوئے خدائی
اسے الفت میں افزوں ہے صفائی
جلانیں کوئی مرد عورت کی خاطر
ستی ہوتی ہے عورت سو ہے ظاہر

سید محمد قادری خاکی۔ ولی کے ہمعصروں میں سے تھے۔انھوں نے ہاشم علی بیجاپوری کی تقلید میں ریختی کی طرف توجہ کی لیکن اس میں تصوف کی چاشنی نمایاں رکھی اور ایک پورا دیوان مرتب کر ڈالا۔اورنگ آباد کے مشاہیر اور قدیم شعرا میں سے تھے۔ان کا دیوان ابھی طبع نہیں ہوا۔نمونۂ کلام یہ ہے

پیا بن اے سہیلی آنجھوؤں سے مکھ کو دھوتی ہوں
کبھی میں رات میں گہرا اندھارا دیکھ روتی ہوں

رہوں کیوں ابتدا ہی میں دسے جب انتہا مجکو
فنا فی الشیخ ہو کر میں بقا باللہ ہوتی ہوں

محتشم ماہ محرم[۳۸] ۔ شجاعت خاں صوبہ دار برار کے فرزند تھے اور خود بھی معظم خاں خطاب سے سرفراز ہوئے ۔ شعر و سخن کے دلدادہ امیر زادے تھے ۔ ناصر جنگ شہید نے ان کی قدر افزائی کی ۔ ان کی حیات میں اورنگ آباد کے شعرا میں ممتاز رہے ۔ بعد کو حیدر آباد چلے آئے تھے اور یہیں سنہ ۱۷۵۲ ء میں وفات پائی ۔ زبان بہت سلیس اور شگفتہ ہے ۔ لچھمی نرائن شفیق نے ان کے کلام کی بہت تعریف کی ہے نمونے چھپ چکے ہیں۔

نسور محمد عاصی[۳۹] ۔ برہان پور کے ان دلدادگانِ سخن میں سے تھے جو آصف جاہ اول کی مردم شناسی کے باعث اپنا وطن چھوڑ کر اورنگ آباد چلے آئے تھے ۔

عاصی کے والد کاشغر کے رہنے والے تھے اور عہدِ اورنگ زیب میں برہان پور آ کر وہاں اقامت اختیار کر لی تھی ۔ عاصی یہیں پیدا ہوئے ۔ ابتدا میں نصیر الدولہ صوبہ دار کے ملازم ہوئے ۔ شعر و سخن میں محمد علی تسلیم کے شاگرد تھے ۔ نصیر الدولہ کی مدح میں ایک ایسا عمدہ قصیدہ لکھا کہ داروغۂ قلمدان بنائے گئے ۔ جب نصیر الدولہ

فوت ہوئے تو آصف جاہ کے یہاں اورنگ آباد چلے آئے۔

انھوں نے چند مثنویاں بھی لکھی تھیں جنہیں سے خلاصۃ المعارف اور انواع العلوم قابلِ ذکر ہیں۔ غزل گو کی حیثیت سے بھی مشہور ہوئے چنانچہ ایک وقت آصف جاہ کو ان کی ایک غزل اتنی پسند آئی کہ انعام واکرام سے سرفراز کیا اور خود بھی ان کی غزل پر ایک غزل لکھ کر ان کی عزت بڑھائی۔

آصف جاہ کے انتقال کے بعد ناصر جنگ ان کے قدر دان رہے۔ لیکن جب وہ بھی شہید ہو گئے اور اورنگ آباد کی رونق حیدر آباد میں منتقل ہونے لگی تو عاصی حیدر آباد چلے آئے اور یہیں سنہ ۱۷۶۰ء میں وفات پائی۔ نمونۂ کلام یہ ہے:-

تجھ غم کی آگ دل میں رکھا ہوں چھپا کے میں
ڈرتا ہوں تا فلک نہ اُڑے یہ شرر کہیں

تجھ قد کی جب سے نقل کیا ہے چمن میں جا
دیکھا نہ تب سے سرو نے رونے ثمر کہیں

سمجھے ہیں ہم کہ اب کہیں تم نے بھی دل دیا
بیٹھے کہیں ہو بات کہیں ہے نظر کہیں

ناصر۔ میر احمد خاں ناصر جنگ نظام الدولہ شہید آصف جاہ اول کے فرزند اور جانشین تھے۔ اپنے والد سے زیادہ علم وفضل اور شعر و ادب کے دلدادہ تھے۔ اور عالموں اور شاعروں کے مربی و سرپرست۔ ان کی تخت نشینی کے وقت اورنگ آباد ہر حیثیت سے عروج کمال کو پہنچ چکا تھا اور ان کی شہادت کے ساتھ ہی اس شہر کو زوال آگیا اور یہ ایسا اجڑا کہ اب تک پنپ نہ سکا۔

ناصر اردو اور فارسی دونوں میں شعر کہتے تھے اور دونوں کے دیوان موجود ہیں۔ وہ اورنگ آباد کے عاشق تھے اور چاہتے تھے کہ یہ شہر علم وفضل اور تہذیب و شائستگی کا مرکز بن جائے۔ چنانچہ دور دور کے صاحبانِ کمال کو جمع کیا اور وہاں ایک ایسی عمدہ فضا پیدا کر دی کہ اہلِ دکن، بیجاپور اور گولکنڈہ اور حیدرآباد کو بھول گئے۔ لیکن افسوس ہے وہ ایک شعلۂ مستعجل ثابت ہوئے اور اپنے بھانجے کی بغاوت کو فرد کرنے کے لئے اورنگ آباد سے ایسے نکلے کہ پھر جیتے جی واپس نہ ہوسکے۔ وہ حیدرآباد میں بھی کچھ عرصہ قیام پذیر رہے لیکن یہاں ہر وقت اورنگ آباد کو یاد کرتے رہے یہیں ایک فارسی رباعی بھی لکھی تھی جس میں کہتے ہیں کہ میرا دل اورنگ آباد کا زخم خوردہ ہے اور میری جان اسی پر نثار ہونا

چاہتی ہے۔ اورنگ آباد کی تاریک راتیں محبوبوں کی زلفوں سے زیادہ تاریک اور خوشبودار ہوتی ہیں۔" ناصر کی ایک اردو غزل کے چند شعر یہ ہیں :-

نین تیرے شکار کرتے ہیں　　　دل ہمارا فگار کرتے ہیں
خوب رو جب سنگار کرتے ہیں　　　آرسی پر بہار کرتے ہیں
اہلِ دل گریۂ ندامت میں　　　سیر ابرِ بہار کرتے ہیں
چشمِ بد دور دلبراں سارے　　　اپنے ناصر کوں پیار کرتے ہیں

ناصر جنگ کرنول میں سنہ ۱۷۵۰ء میں دھوکے سے قتل کر دئے گئے اور ان کی لاش اورنگ آباد میں بہ مقام خلدآباد دفن کی گئی۔

ناصر جنگ کے اُستاد میر[۴۱] غلام علی آزاد بلگرامی اس دَور کے ایک ایسے صاحبِ کمال بزرگ تھے جو بلگرام سے اورنگ آباد آکر قیام پذیر ہو گئے تھے اور اس کی رونق بڑھانے اور مرکزیت مستحکم کرنے کا باعث بنے۔ ان کے کارناموں نے اس دور کو زندہ جاوید بنا دیا۔ وہ عربی اور فارسی۔ اُردو اور ہندی چاروں زبانوں میں دستگاہ کامل رکھتے تھے۔ انھوں نے متعدد تذکرے لکھے جن کی تفصیل یہ ہے۔

۱۔ سبحۃ المرجان (ہندستان کے علما کا تذکرہ) یہ اور اس کا ترجمہ مظہر آدم دونوں چھپ چکے ہیں۔

۲۔ ید بیضا (عام شعرا کا تذکرہ)

۳۔ خزانۂ عامرہ (صلہ یافتہ شعرا کا تذکرہ)

۴۔ سرو آزاد (ہندی نژاد شعرا کا تذکرہ)

۵۔ ماثر الکرام (علمائے بلگرام کا تذکرہ)

۶۔ روضۃ الاولیا (اولیائے خلد آباد کا تذکرہ)

ان کے علاوہ آزاد نے صحیح امام بخاری کی شرح بھی ابتدا سے کتاب الزکوٰۃ کے آخر تک کی تھی۔ ان کی اکثر کتابیں چھپ چکی ہیں اور اورنگ آباد عرصہ تک ان کے شاگردوں کی نغمہ آرائی سے معمور رہا۔

عارف الدین خاں عاجز۔[۴۲] اورنگ آباد کے مشاہیر شعرا سے ہیں۔ ان کے آبا واجداد بلخ کے رہنے والے تھے۔ ان کے والد عہدِ عالمگیر میں ہندستان میں آئے اور غازی الدین فیروز جنگ کے توسط سے شاہی منصب دار مقرر ہوئے۔

عاجز کم عمر تھے کہ ان کے والد نے وفات پائی۔ نواب لشکر خاں نصیر جنگ رکن الدولہ وزیر دکن ان کے عزیز تھے اور انہی کی سرپرستی

میں عاجزنے پرورش پائی اور انہی کی سفارش سے نواب آصف جاہ اور نواب ناصر جنگ کے دربار میں باریاب ہوئے اور خطاب منصب اور جاگیر سے سرفراز ہوئے۔

فارسی اور اُردو دونوں زبانوں میں شعر کہتے تھے۔ انکی اردو مثنوی لال وگوھر بہت مشہور ہوئی۔ اس کی زبان بہت شگفتہ اور سلیس ہے لیکن ان کا اردو دیوان مشکل زمینوں اور مثنویوں سے معمور ہے۔ وہ اپنی زندگی ہی میں اپنی مشکل پسندی کی وجہ سے شہرت پاچکے تھے۔ انھوں نے شمالی ہند کا بھی سفر کیا اور وہاں دکھنی شاعروں کو مقبول بنانے میں بڑا حصہ لیا۔ اس کا ایک شعر ہے

آکے دکھن سیں زباں کا خوب پھیلا ہی ٹپا
یا علی عاجز کا تیرے ہند میں جس ہوچکا

آخر زمانہ میں وہ ناندیڑ میں اپنے ایک عزیز کے یہاں مقیم تھے کہ سنہ ۱۷۶۴ء میں وفات پائی اور وہیں مدفون ہوئے۔

مثنوی لال وگوہر کا نمونہ یہ ہے۔

کروں میں دشت کی کیونکر صفت کو　　　زباں پر کس طرح ڈالوں نعت کو
وہاں ہرگز نہ تھا پانی کا آثار　　　اجل کا کھیت تھا وہ دشت خونخوار
وہاں کی ریت ہیرے کی کنی تھی　　　وہاں کے کانٹے بھالوں کی انی تھی

وہاں کی کنکری اٹھتی مثلِ اخگر وہاں کی باد تھی شوریدہ صرصر
وہاں جھکر سدا آندھی تھی دایم بگولا تھا وہاں دن رات قایم

ان کی غزلوں کا رنگ ہی جدا تھا جو ان اشعار سے ظاہر ہو گا

عید ہے وصل ترا مجکو طرب کی سوگند
آشنا بی سیں تجھے میری طلب کی سوگند

تجھ مکھ کوں دیکھ چاند گگن سیں گیا اُکھڑ
تجھ قد کوں دیکھ سرو چمن سیں گیا اُکھڑ

چمن میں چل کے سجن بے حجاب ساغر کھینچ
بہار رنگ گلستاں کے سر سیں چادر کھینچ

کر آرسی کی طرح تماشائے خوب و زشت
دل میں کسی سیں عکس نہ رکھ اے صفا سرشت

شاہ سراج[۴۲] ۔ اورنگ آباد کے آخری بڑے شاعر تھے ۔ اور انھیں کی ذات پر دکن کے قدیم استادانِ فن اور معمارانِ سخن کا سلسلہ ختم ہو جاتا ہے ۔ انھوں نے اپنے دَور کے اکثر شاعروں کی طرح کسی سرکاری یا درباری قدردانی کی کوشش نہیں کی بلکہ ولی کی طرح درویشی اور قلندری میں اپنی عمر

گذاردی ۔ مرزا داؤد کے بعد وہی ولی کے سچے جانشین اور معتقد و مقلد تھے ۔ انھوں نے بالکل ٹھیک لکھا ہے کہ :-

تجھ مثل اے سراج بعد ولی کوئی صاحب سخن نہیں دیکھا

سراج ایک مذہبی خاندان میں سنہ ۱۷۱۶ء میں پیدا ہوئے تھے ۔ ان کے والد سید درویش ابن سید گوہر مدینہ کے ایک بزرگ سید محمد کی اولاد میں تھے جو ہندوستان آکر دہلی کے نواح میں قیام پذیر ہوئے تھے اور بعد کو ان کی اولاد دکن میں آبسی۔ سراج کی پیدایش کے وقت اورنگ آباد اردو شعر و سخن کا مرکز بن چکا تھا اور انھوں نے اسی فضا میں آنکھیں کھولیں ان کی شاعری ان کے عنفوانِ شباب کی پیداوار ہے اور ان کا دیوان سنہ ۱۷۳۹ء تک مرتب ہو چکا تھا اور وہ ایک اُستاد کی حیثیت سے مشہور ہو چکے تھے ۔ انھوں نے سات مثنویاں بھی لکھی تھیں جن میں بوستانِ خیال اُردو کے ادب عالیہ میں شمار کی جاتی ہے ۔ ان کا کلام تمام اصناف سخن پر مشتمل ہے لیکن غزل اور مثنوی میں ان کو لازوال شہرت حاصل ہوئی اور ان کا کلام ان کی زندگی ہی میں دور دور تک پہنچ گیا ۔ آخر زمانہ میں انھوں نے شاعری ترک کر دی تھی اور فقر و تصوف

یں مشغول ہوگئے تھے ۔ انھوں نے سنہ ۱۷۶۳ء میں وفات پائی۔ اورنگ آباد ہی میں مدفون ہوئے ۔

سراج کی یہ غزل تمام ہندوستان میں مشہور ہے :-

خبرِ تحیرِ عشق سن نہ جنوں رہا نہ پری رہی
نہ تو تُو رہا نہ تو میں رہا جو رہی سو بیخبری رہی

شہ بیخودی نے عطا کیا مجھے اب لباسِ برہنگی
نہ خرد کی بخیہ گری رہی نہ جنوں کی پردہ دری رہی

چلی سمتِ غیب سے کیا ہوا کہ چمن ظہور کا جل گیا
مگر ایک شاخِ نہالِ غم جسے دل کہو سو ہری رہی

نظرِ تغافلِ یار کا گلہ کس زباں سیں بیاں کروں
کہ شرابِ صد قدح آرزو خم دل میں ہے سو بھری رہی

ترے جوشِ حیرتِ حسن کا اثر اس قدر سیں یہاں ہوا
کہ نہ آئینہ میں رہی جلا نہ پری کوں جلوہ گری رہی

کیا خاک آتشِ عشق نے دلِ بے نوائے سراج کوں
نہ خطر رہا نہ حذر رہا مگر ایک بے خطری رہی

یہ دور سراج ہی پر ختم ہو جاتا ہے ۔ سراج کے بعد دکنی شعرا کی خود اعتمادی رفتہ رفتہ کم ہونے لگی اور وہ شمالی ہند

کے شعرا کی شاگردی ہی پر اپنی زبان اور بیان کی صحت و خوبی کا انحصار کرنے لگے تھے کیوں کہ اس وقت وہ دکنی محاورہ اور روزمرہ چھوڑ کر شمالی ہند کی زبان کی پیروی کرنے لگے تھے۔

دکھنی ادب کا اثر شمالی ہند کی اردو پر

اورنگ زیب کے دکن کو فتح کرنے کے بعد جب شمال اور دکن میں ملاپ ہو گیا اور دکن کے لوگ شمال اور شمال کے دکن آنے جانے لگے تو دونوں کو اپنی زبانوں کے اختلاف کا احساس ہوا۔ لیکن چونکہ دکن والوں نے اس میں خاصہ ادبی کام کیا تھا، شمال والوں نے معلوم کیا کہ ہم اس بارے میں دکن سے بہت پیچھے ہیں۔ وہاں کسی شخص نے بھی بول چال کی زبان میں شعر و شاعری کی طرف توجہ نہیں کی تھی، اور جو ایک دو مثالیں ملتی ہیں انھیں اس زمانے کے قدیم تذکرہ نویس سنجیدہ اور صحیح شاعری کا نمونہ نہیں سمجھتے بلکہ کہتے ہیں کہ تفنن کے طور پر لکھے گئے تھے۔ اس عہد کے اور اس کے بعد کے دو چار شاعر ایسے ملتے ہیں جنھوں نے کچھ اردو میں لکھا تھا۔ مثلاً

مرزا معز موسوی خاں فطرت اورنگ زیب کے زمانے کے ایک فارسی گو شاعر تھے۔ ان کا یہ اُردو شعر تذکروں میں ملتا ہے۔

از زلف سیاہ تو بدل دُوم پڑی تو   در خانہ آئینہ گتا جوم پڑی ہے

مرزا معز کے ساتھ ایک اور شاعر قزلباش خاں امّید کے بھی اُردو شعر ملتے ہیں جس کا ایک نمونہ یہ ہے۔

با من کی بیتی آج مری آنکھوں پی   غصہ کیا و گالی دیا اور دگر لری

اس قسم کے شعروں کے علاوہ اورنگ زیب کے زمانے کے چند اُردو شعر بھی ملتے ہیں جو جعفر علی (زٹلی) کی تصنیف ہیں۔ یہ زیادہ تر فحش ہیں تاہم کتب خانۂ انڈیا آفس (لندن) اور ادارۂ ادبیات اُردو کے مخطوطوں میں بعض ایسے بھی پائے گئے ہیں جنھیں کوئی سنجیدہ کہہ سکتا ہے۔ ان کی چند مثالیں درج ذیل ہیں تاکہ دکن کے اثر سے پہلے کی اردو شاعری کی نوعیت معلوم ہو سکے۔ اورنگ زیب کی مدح میں لکھا ہے۔

زہے دھاک اورنگ شاہِ ولی

در اقلیم دکھن پڑی کھل بلی

دریں پیر سال و ضعیفِ بدن

مچائی دھما چوکڑی در دکھن

۱۵۴

زہے شاہ شاہاں کہ گاہِ وغاے

نہ ہلد نہ ٹلد نہ جنبد زجاے

برآورد لشکر بسا دھوم دھام

کہ ہل چل پڑی بر سرِ روم و شام

مہا سورجو دھا بلی بے بدل

چو البرز قائم چو پربت اٹل

اورنگ زیب کی وفات کا مرثیہ :۔

اکل بے کل ہوا سنسار سارا

بخونِ طپید شد مریخ تارا

کہاں اب پایئے ایسا شہنشاہ

مکمل اکمل و کامل دل آگاہ

صدائے توپ و بندوق است ہر سو

چھٹا چھٹ و پٹا پٹ است ہر سو

بہر سو مار مار و دھاڑ دھاڑ است

اچھل چال و تبر خنجر گداز است

غرض اس قسم کی اردو شاعری کرنے والوں نے جب دیکھا کہ دکن میں مدت سے اردو شاعری کا ذوق ترقی کر چکا ہے تو وہ دکھنی ادب

متاثر ہو گئے اور چونکہ اس اثنا میں وہ فارسی شاعری کی تقلید سے اکتا گئے تھے۔ ایک غیر ملک کی زبان میں کمال حاصل کرنے کے لئے انھیں خاصی محنتیں کرنی پڑتی تھیں اور اس کے بعد بھی وہ ایرانی شاعروں کے مقابلہ میں خود کو کم زور پاتے تھے۔ ساتھ ہی چونکہ فارسی ان کی اپنی زبان نہ رہی تھی وہ اپنی طرف سے ادائے خیال کے نئے نئے طریقے اختیار کرنے سے قاصر تھے۔ انھیں ہر وقت یہ ڈر لگا رہتا تھا کہ کہیں ایرانی اُستاد اُن کی زبان کو غلط نہ قرار دیں۔ چنانچہ اس زمانے میں محاوروں وغیرہ کے استعمال پر اکثر ایرانی اور ہندوستانی شاعروں میں جھگڑے رہتے تھے جنکی مثالیں قدیم تذکروں میں کثرت سے موجود ہیں۔

دوسری وجہ یہ ہے کہ فارسی کی قدر کرنے والی سلطنتیں کمزور ہوتی جا رہی تھیں۔ خود حکمران شاعر نہیں تھے اور نہ سیاسی کمزوریوں کی وجہ سے شاعروں کی قدر کرنے کے قابل تھے۔ اگر اکبر کے چند درباری امیروں کی طرح اورنگ زیب اور اس کے بعد کے امیر فارسی شاعروں کی خاطر خواہ قدر کرتے تو بہت ممکن تھا کہ فارسی پھر کچھ زمانے کے لئے چل نکلتی۔

اس کے علاوہ چونکہ فارسی میں ہندوستانی شاعروں کے لئے

خیالات ادا کرنے کے نئے نئے طریقے مسدود تھے اور اس کے علاوہ اس میں اپنی مقامی خصوصیات اور فطری حالات کو بے دھڑک ظاہر کرنا معیوب سمجھتے تھے۔ اس لئے وہ فطرتاً کسی ایسی چیز کے متلاشی تھے جس کے ذریعہ سے وہ بے تکلفی کے ساتھ اپنے مطالب ادا کرسکیں۔

غرض جب انھوں نے دکھنی اردو کا مُطالعہ کیا جو ان کے لئے فارسی سے زیادہ قریب تھی اور جن کے ذریعہ سے ان کی تمام ادبی ضرورتیں پوری ہوسکتی تھیں تو فارسی کو چھوڑنا شروع کیا اور رفتہ رفتہ اس سے اس قدر بیزار ہوگئے اور اس کو حقارت کی نظروں سے دیکھنا شروع کیا کہ جب سودا یا میر جیسا کوئی بڑا شاعر فارسی میں لکھتا تو لوگ یہ سمجھتے تھے کہ وہ اپنے رُتبے سے اُتر کر یہ کام کر رہا ہے۔

شمالی ہند میں ریختہ گوئی کی ابتدا اور فارسی ترک کرنے کا سبب میر نے شاعرانہ طریقے سے بڑا پُر لطف پیش کیا ہے۔ وہ کہتے ہیں :۔

خوگر نہیں کچھ یوں ہی ہم ریختہ گوئی کے
معشوق جو تھا اپنا باشندہ دکن کا تھا

اس زمانے میں جو دکھنی شاعر شمال گئے ان کی تعداد میں جیسے جیسے اردو کے تذکرے دستیاب ہوتے جاتے ہیں اضافہ ہو رہا ہے مصحفی کے تذکرے سے ظاہر ہوتا ہے کہ چودہ پندرہ دکھنی شاعر دہلی گئے تھے۔ جہاں انھوں نے خاص قدر و منزلت حاصل کی۔ تذکرۂ اعظم الدولہ سرور سے بھی اس بارے میں اچھا مواد حاصل ہوتا ہے۔ مصحفی کے تذکرے میں تیس کے قریب شمالی ہند کے ایسے شاعروں کے نام ملتے ہیں جو دکھن گئے تھے۔ اگر اس زمانے کے اور تذکروں کا اس لحاظ سے تحقیقی مطالعہ کیا جائے تو یقین ہے کہ اس تعداد میں اور بھی اضافہ ہو سکے گا۔ تاہم یہاں اس امر کا اظہار ضروری معلوم ہوتا ہے کہ اس زمانے میں شمالی ہند میں شاعروں کے جو تذکرے لکھے گئے ہیں ان میں سے جتنے بھی اس وقت تک نظر سے گزرے ہیں ان میں ڈیڑھ سو کے قریب ایسے شاعروں کے نام ملتے ہیں جو کسی نہ کسی طرح دکھن سے تعلق رکھتے ہیں۔

یہ تو شاعری کا ذکر تھا اس زمانے میں دکھن کے بہت سے ایسے لوگ بھی شمال گئے جو شاعر نہیں بلکہ اہل ذوق تھے۔ یہ لوگ دکھنی اردو کی بہت سی کتابیں اپنے ساتھ شمال لے گئے۔ چنانچہ کچھ ہی عرصے میں شاہانِ اودھ کے کتب خانوں میں دکھنی کی اچھی

خاصی کتابیں جمع ہوگئیں جن سے ظاہر ہوتا ہے کہ کس قدر جلد دکھنی ادب شمال میں مقبول ہوگیا تھا کہ اس کے بعض اجزا شاہی کتب خانوں تک بھی پہنچ سکے۔ اس کا ثبوت اس طرح بھی ملتا ہے کہ ہندوستان و یورپ کے مختلف کتب خانوں میں جو قدیم دکھنی مخطوطے ہیں ان میں بعض ایسے بھی ہیں جن کے کاتب شمالی ہند کے باشندے تھے اور جنھوں نے وہیں محمد شاہ کے ابتدائی دور میں ان دکھنی کتابوں کو نقل کیا تھا۔

قدیم تذکروں سے یہ بھی معلوم ہوتا ہے کہ دہلی کی مجلسوں میں دکھنیوں کے اشعار عام طور پر قدر کی نگاہوں سے دیکھے جاتے تھے۔ لوگ دکھنی شاعروں کی آؤ بھگت کرتے تھے۔ ولی نے تین دفعہ سے زیادہ دہلی کا سفر کیا اور پھر بھی جی نہیں بھرا۔ ایک شعر ان سے منسوب ہے ؎

دل ولی کا لے لیا دلی نے چھین
جا کہو کوئی محمد شاہ سوں

دہلی کے شاعر ولی کی غزلوں پر غزلیں لکھنا باعث کمال سمجھتے تھے اور انھیں کے مشورے سے اپنے مشاعروں کے لئے مصرع طرح حاصل کرتے تھے۔ اگرچہ اب شمال کے اس زمانے کے شاعروں

کے کلام عام طور پر دستیاب نہیں ہوتے تاہم دیوان زادہ حاتم سے (جو اس زمانہ کی تنہا یادگار ہے اور جس کا ایک نفیس بلکہ اصلی نسخہ اس وقت انڈیا آفس میں محفوظ ہے) اس کی شہادت ملتی ہے۔ خود دیباچے میں حاتم نے ولی کی استادی کا ذکر کر دیا ہے اور لکھا ہے کہ میں انھیں کی طرز پر لکھتا ہوں۔ اس کے علاوہ اشعار میں متعدد جگہ ولی کی استادی کا اعتراف کرتے ہیں۔ انکے موجودہ مختصر سے انتخاب میں بھی تیرہ غزلیں ایسی ہیں جن پر صراحت سے لکھا گیا ہے کہ ولی کی طرز اور تقلید میں لکھی گئی ہیں بعض شعروں میں وہ ولی سے مخاطب بھی ہیں جن سے ظاہر ہوتا ہے کہ وہ ولی کی موجودگی ہی میں لکھے گئے ہیں۔ اس ضمن میں مزید معلومات میرے اس مضمون میں درج ہیں جو شاہ ظہور الدین حاتم کے عنوان سے رسالہ ہندوستانی الہ آباد میں شائع ہوا ہے۔

تذکرہ قاسم (مخطوطہ انڈیا آفس) میں ولی کی تعریف کرنے کے بعد اس زمانے کے ایک شاعر کا مصرعہ اپنے خیالات کی شہادت کے طور پر نقل کیا گیا ہے۔ لکھا ہے کہ پیر خان نے بہت ہی بجا اور برموقع کہا ہے کہ

ع "ولی پر جو سخن لاوے اسے شیطان کہتے ہیں"

معلوم ہوتا ہے کہ اول اول شمال کے فارسی شاعروں نے ولی کی مخالفت بھی کی تھی۔ چنانچہ ناصر علی کے متعلق لکھتے ہیں۔

اچھل کر جا پڑے جوں منبع برق
اگر مطلع لکھوں ناصر علی کوں

اسی زمانے کے ایک اور تذکرے میں (یعنے تذکرہ بے جگر جس کا مخطوطہ جو غالباً مصنف ہی کا مسودہ ہے انڈیا آفس لندن میں موجود ہے۔) ولی کی نسبت لکھا ہے۔

"درحقیقت جس نے ہندی کے میدان میں گھوڑے دوڑائے وہی تھا اور فی الواقع جس شخص نے کہ آب رفتہ دوبارہ زبان ہندی میں پہنچایا وہی تھا۔ جب سنہ جلوس محمد شاہی میں اس کا دیوان دہلی پہنچا۔ اس زمانے کے اعلیٰ پایہ کے شعرا مثلاً حاتم۔ آبرو۔ فغاں وغیرہ اس کی زبان کا تتبع اور پیروی کرنے اور اسی کی زبان کا اسلوب اختیار کرنے لگے" (ترجمہ فارسی سے)

ایک اور تذکرہ "طبقات سخن" میں آبرو کے ذکر میں لکھا ہے کہ :-

"جب دیوان ہندی شاہ ولی اللہ گجراتی کا محمد شاہ کے عہد میں دہلی پہنچا تو اس کی پیروی کی"۔ (ترجمہ)

مصحفی نے اپنے تذکرہ میں خود حاتم کا قول ان کے ذکر میں نقل کیا ہے۔ جس سے معلوم ہوتا ہے کہ ولی کا کلام دہلی میں بیحد مقبول ہوگیا تھا وہ کہتے ہیں۔

" ایک روز پیش فقیر بیان کیا کہ سنہ ۲ فردوس آرام گاہ میں دیوان ولی شاہ جہاں آباد میں آیا اور اس کے اشعار ہر چھوٹے بڑے کی زبان پر جاری ہوگئے اور دو تین آدمیوں کے ساتھ جن سے مراد ناجی مضمون مضمون اور آبرو ہیں ہندی اشعار کی بنیاد ایہام گوئی پر رکھی اور معنی یابی اور مضامین کی تلاش کی داد دی " (ترجمہ)

ولی کے علاوہ جن دکھنیوں نے دلی میں شہرت حاصل کی ان میں فقیراللہ آزاد اور فراقی دکھنی بھی شامل ہیں۔ میر حسن اپنے تذکرہ کے آغاز میں یہ لکھنے کے بعد کہ :-

" سمجھنا چاہیئے کہ ریختہ پہلے زبان دکھنی تھا " (ترجمہ)

فقیراللہ آزاد کا حال لکھتے ہیں اور پھر اس کی شاعری کی تعریف یوں کرتے ہیں :-

" فراقی دکھنی کے ہمراہ شاہ جہان آباد میں آیا تھا دردمند طبیعت رکھتا تھا اور بہت صاف کلام لکھتا تھا۔ خدا

اس کو بخشتے ہیں۔" (ترجمہ)

غرض اہل شمال نے بہت جلد فارسی شاعری کو ترک کردیا اور دکن کی تقلید شروع کردی۔ وہاں کے شاعروں کو استاد مانا اور ان کی غزلوں پر غزلیں لکھیں اور حتی الامکان اس بات کی کوشش کی کہ دکھنی زبان اور محاورے میں شاعری کریں اور نہ صرف یہی بلکہ جو شخص دکھنی طرز کے خلاف لکھتا اس کو برا بھلا کہا جاتا اور اس کی شاعری غلط سمجھی جاتی۔ چنانچہ اس زمانے کے ایک مشہور دہلوی شاعر شاہ مبارک آبرو نے اس کے متعلق جو نصیحت کی تھی اس کو حاتم نے اپنے دیوان زادہ کے دیباچہ میں نقل کیا ہے۔ وہ لکھتے ہیں ؎

وقت جن کا ریختہ کی شاعری میں صرف ہے
ان ستی کہتا ہوں بوجھو حرف میرا ژرف ہے
جو کہ لاوے ریختہ میں فارسی کے فعل و حرف
لغو ہیں گے فعل اسکے ریختہ میں حرف ہے

دکھنی اثر کے بعد شمال میں جن ہندو اور مسلمان شاعروں نے فارسی شاعری ترک کرکے دکھنی طرز میں شاعری شروع کردی ان کی تعداد خاصی ہے اور تذکروں میں ان کے متعلق کافی مواد موجود ہے۔

لیکن دہلی کے شاعروں کا یہ رجحان زیادہ دیر تک نہیں قائم

رہ سکا۔ دکھنی بھی فارسی کی طرح ان کی اپنی زبان نہ تھی۔ اس میں بھی خیال ادا کرنے کے لئے انھیں تکلف کرنا پڑتا تھا۔ اب انھوں نے اس بات کی کوشش کی کہ اپنی مادری اور بول چال کی زبان میں فارسی اجزا ملاکر شاعری کریں۔ اگرچہ پہلے پہلے بعضوں نے اس کی مخالفت بھی کی لیکن وہ اس تبدیلی میں کامیاب ہوگئے اور بہت جلد اردوئے معلےٰ کی زبان میں شعروشاعری شروع ہوگئی اس کا آغاز حضرت مرزا جان جاناں مظہر نے کیا اور اس کی ترقی ناسخ کے زمانے تک جاری رہی۔ اس تبدیلی کا ذکر حاتم نے جن کو شمال میں دکھنی کے عروج اور زوال دونوں کا دیکھنا نصیب ہوا تھا اپنے دیوان کے دیباچہ میں وضاحت سے کردیا ہے۔

"اس زمانے میں یہ ترتیب طلب دس بارہ سال سے اکثر الفاظ کو نظر سے گراکر عربی و فارسی الفاظ کو جو قریب الفہم اور کثیر الاستعمال ہوں اور روزمرۂ دہلی کو کہ میرزایان ہند و فصیح گویان محاورہ میں رکھتے ہیں منظور سمجھا۔ اس کے علاوہ ملک کی زبان اور ہندوی کہ اس کو بھاکا کہتے ہیں موقوف کرکے فقط روزمرہ کہ عام فہم و خاص پسند تھا اختیار کیا۔" (ترجمہ)

اور اس کے بعد لکھا ہے کہ اس انتخاب میں قدیم (دکھنی) طرز کے اشعار میں نے نہیں درج کئے ہیں اگر کوئی ملیں تو مجھے معاف کیجئے اس لسانی تبدیلی کو بعض لوگوں نے پسند نہیں کیا۔ تذکرہ مخزن نکات میں خود قائم نے اس تبدیلی کے متعلق اپنے خیالات کا اظہار کیا ہے۔ وہ پہلے ان شاعروں کے نقائص اس طرح ظاہر کرتے ہیں جنھوں نے دکھنی کی تقلید کا آغاز کیا تھا۔

"راہ سخن کے جاننے والوں سے یہ بات چھپی ہوئی نہیں ہے کہ عبداللہ قطب شاہ کے عہد سے بہادر شاہ اول کے زمانے تک جن لوگوں نے ریختہ میں شاعری کی ہے انکا طریقہ کلام بہت ہی مربوط اور معقول ہے۔ اگرچہ اکثر الفاظ جو ہمارے لئے غیر مانوس ہیں، ان کے یہاں مستعمل ہیں لیکن چونکہ زبان دکن کے موافق صحیح اور درست ہیں اس لئے ہر ایک کے لئے لائق استعمال تھے۔ نہ یہ ستم کہ محمد شاہ کے زمانے کے شعرا نے اپنے نئے الفاظ اور ایہام تلاش کرکے شعر کو مرتبۂ بلاغت سے گرا دیا معنی کا تو ذکر کیا پوچھنا۔ کچھ کہا نہیں جا سکتا اس لئے کہ بزرگوں کی خطا بتانا خطا ہے۔" (ترجمہ)

طبقۂ دوم کے شاعروں مثلاً حاتم و ناجی و مظہر کے ذکر کے بعد طبقۂ سوم یعنی میر۔ سودا اور سوز وغیرہ کا ذکر شروع کرنے سے پہلے ان کے فارسی کی طرف توجہ کرنے کی نسبت حسب ذیل خیالات کا اظہار کرتے ہیں۔

"مخفی نہ رہنا چاہیئے کہ اب جن شعرائے متاخرین کے اشعار و حالات لکھے جاتے ہیں ان کا طرز کلام شعر فارسی کے رویہ پر ہے۔ چنانچہ جملہ شعری صنعتیں جو قدیم اساتذہ استعمال کرتے تھے، یہ بھی کرتے ہیں اور اکثر ایسی فارسی ترکیبوں کو جو اردوئے معلّٰی کے محاورے کے موافق ہیں اور کانوں سے مانوس ہیں جائز سمجھتے ہیں۔ مگر زبان مغل کا ترجمہ ریختہ میں کرنا بُری بات ہے۔ اس لئے کہ اس طرح دونوں میں سے کسی الگ زبان کی صحت بھی باقی نہیں رہتی۔ اگر بعض اصطلاحیں جو اس ملک کے فصیحوں کے زبان زد ہیں استعمال کریں تو کوئی مضائقہ نہیں لیکن طبقۂ اوّل کے شعرا کی تقلید کہ ان کا ایک مصرعہ ریختہ اور دوسرا فارسی ہوتا تھا اور بعض ریختہ اور فارسی کو غیر مانوس الفاظ

سے منا دیتے ہیں قابلِ مذمت ہے۔"

مظہر نے جو دکھنی اثر کو دور کرکے فارسی آمیز زبان میں شاعری شروع کی اس کے بہت سے ثبوت تذکروں میں ملتے ہیں جن کا تفصیلی بیان مظہر کی شاعری کے ذکر میں کسی اور موقع پر کیا گیا ہے یہاں اس امر کا اظہار ضروری ہے کہ دکھنی کے رواج کی طرح دکھنی کا ردّ عمل بھی بڑی تیزی سے شروع ہوگیا۔

شمال والوں کو دکھنی اثر کے زائل کرنے میں جلد کامیابی اس لئے بھی حاصل ہوگئی کہ اس کو زائل کرکے شمال کے روزمرہ میں شاعری کرنے کی کوشش میں حصہ لینے والے میر۔ سودا اور قایم جیسے بڑے بڑے شاعر بھی تھے۔ چنانچہ ان تینوں کے بعض وہ شعر ذیل میں نقل کئے جاتے ہیں جن میں اس امر کی طرف اشارے ہیں۔

سودا:۔

کہے تھا ریختہ کہنے کو عیب ناداں بھی
سو یوں کہا میں کہ دانا ہنر لگا کہنے
بسان مہر یہ روشن ہے سارے عالم پر
جہاں میں جیسے کہ میں شعر تر لگا کہنے

سخن کو ریختے کے پوچھے تھا کوئی سودا
پسند خاطرِ دلہا ہوا یہ فن مجھ سے
کب اسکو گوش کرے تھا جہاں میں اہلِ کمال
یہ سنگ ریزہ ہوا ہے دُرِ عدن مجھ سے

میر :-

دل کس طرح نہ کھینچیں اشعار ریختے کے
بہتر کیا ہے میں نے اس عیب کو ہنر سے

ریختہ کاہے کو تھا اس رتبۂ عالی میں میر
جو زمیں نکلی اسے تا آسماں میں لے گیا

قایم :-

قایم میں ریختہ کو دیا خلعتِ قبول
ورنہ یہ پیش اہلِ سخن کیا کمال تھا

قایم میں غزل طور کیا ریختہ ورنہ
اک بات لچر سی بہ زبانِ دکنی تھی

تاریخِ دکن پر ایک اور یادگار کتاب

سیرِ گولکنڈہ

مصنف : محی الدین قادری زور

بین الاقوامی ایڈیشن منظر عام پر آچکا ہے

www.ingramcontent.com/pod-product-compliance
Lightning Source LLC
LaVergne TN
LVHW010944031026
849532LV00003B/1122
* 9 7 8 9 3 6 9 0 8 1 4 0 0 *